即効即決！

驚異のテレアポ成功術【最新版】

テレアポ職人®
竹野恵介【著】

同文館出版

はじめに

こんにちは。テレアポ職人の竹野恵介です。

私が最初に出したテレアポの本『即効即決! 驚異のテレアポ成功術』を書いてから7年が経ちました。平成18年1月のことでした。

それから、たくさんの〝テレアポ・ノウハウ本〟が世に出ました。私の本が一番最初のテレアポ・ノウハウ本ではありませんが、初期のほうではあると思います。

それをなぜ、7年経った今、あらためて出版するのか?

それは、**時が経ち、テレアポのやり方が大きく変わったから**です。

私の会社では、クライアント企業のテレアポを代行する業務を行なっています。アポインターたちは、お客様からいただいたリストをもとに、日々、アポを取り続けています。そして、私自身もひとりのアポインターとして、今もテレアポを続けています。実際にいろいろな業界、いろいろな商品・サービスのテレアポを行なう中では、「これは難しい、困った」という案件も発生します。

だからといって「アポが取れません」とも言えず、必死に考え、試行錯誤してアポを取り続けています。

決して、楽なことではありません。眠れない夜もあります。

もう二度とアポが取れないんじゃないかと考えることもあります。

これは、日々、テレアポに励む皆さんと同じ気持ちだと思います。


そうした過酷なアポ取りの日々の中で、進化したやり方や新しいやり方が生まれていることを痛感します。それを皆さんにお伝えしたいと思って、最新版を書くことにしました。


私はよく講演もしますが、そこでまずお伝えするのは、次のことです。

「私は現役のアポインターです。

日々、テレアポの現場で戦っています。ですので、私の話は『過去の経験』や『一業種の事例』ではありません。

今、テレアポの現場で現実に起こっていることです」


さぁ、バージョンアップした最新のテレアポ・ノウハウをお読みください。

竹野恵介
2013年9月

最新版　即効即決！　驚異のテレアポ成功術　目次

2章　テレアポに向く人、向かない人

3章　テレアポの準備とトレーニング方法

4章　テレアポの3つのポイント

5章　成功するテレアポの「スクリプト」

6章 成功するテレアポの「応酬話法」

7章　テレアポとは一体何だ!?

カバーデザイン／藤瀬和敏
本文ＤＴＰ／シナプス
本文イラスト／山川宗夫

テレアポを取り巻く現在の環境はどのようなものでしょうか？

インターネット・ツールのさらなる革新、フェイスブックやツイッターをはじめとするＳＮＳの普及、クラウドサービスの充実など、いまや小さな会社でも安くさまざまなサービスが使えるようになりました。

デジタル関連ツールの拡充は、アナログ方式のテレアポをやりづらくしています。そんな現在のテレアポについて、あらためて考えてみましょう。

1 章

私のテレアポ論

嫌われ者のテレアポ

私が最初の本を書いてから、7年が経ちました。その間にテレアポのイメージはよくなったでしょうか？

答えは「ノー」です。

悪くなっている印象を強く抱きます。

それは、新聞記事やテレビ報道で、「悪質なテレアポ・電話営業で一定期間の業務停止」といった内容をよく目にするからです。具体例な言及は避けますが、一歩間違えば犯罪になりかねないような内容のものもあります。

また、当社に掛かってくる、他社からのテレアポの質や内容からも、状況が悪くなっていると感じます。同じ業種の企業から1日に何回も電話がある、きちんと理由を言って断っているにもかかわらず、何度も電話が掛かってくる、等々です。

こういう悪印象を与えるやり方は、テレアポ業界にとって問題だと思います。

私も経営者なので、「売らなければいけない」ことはよくわかります。売るためにひたすらテレアポで新規開拓をする、しかし、アポは取れないし売れない。売れないから、さらに強めのテレアポになる。数を掛けないとアポが取れないので、同じリストに何度も電話をする……そうして、結果的に嫌われる。

これでは悪循環ではないでしょうか？

こんな強引なやり方に未来はあるでしょうか？

何年かがんばれば、いい方向に向くはず――そんなことにならないのは、薄々わかっていると思います。

しかし、悪循環から抜け出せない。

こうした状況で連想するのが、「カエルの五右衛門風呂」という話です。水を張った五右衛門風呂にカエルを入れて、火をつけて段々と熱くしていきます。カエルは熱くなってきたと感じるものの、「まだ大丈夫」「もう少しは我慢できる」と思って風呂に入り続けて、最後は煮立ってしまっても逃げ出せなくなるそうです。

私の会社では、日々、いろいろなやり方を模索しています。テレアポに限らず、新規開拓全般に関して試行錯誤を続けています。しかし勝率は決してよくはありません。
先日も、自社のある案件で、「ＤＭだけで反響を得る」という仕掛けを行ないました。リストを買い、ＤＭを作成して送ってみましたが、結果は出ませんでした。
ただ、結果が出なかったと言っても、「ＤＭだけで反響を得る」ことができなかっただけで、フォローコールやセミナーへの誘導では結果が出ているので、１００％失敗ではありません。

ユニクロの経営者、柳井正さんの著書『一勝九敗』（新潮文庫）を読んで興味深いのは、あの著名な経営者でも紆余曲折があり、数多くの失敗をしている、ということです。大切なのは、挑戦することと失敗から学ぶことだと思います。

ですから、業界にとって苦しさが増している状況であっても、「テレアポをヤメろ」とは言いません。まだまだ十分に結果が出せるやり方だと、私自身が日々のテレアポで実感しているからです。

！ 状況が悪くても、挑戦すること、失敗から学ぶことを忘れない

アポが取れなくて困っている人、その理由にもう気づいているでしょう！

言うべきなのかどうか、迷いましたが、私以外に誰も言う人がいないと思いますので、思い切って言います。

アポが取れずに困っている方は、今のやり方では限界だと、本当はすでに気づいているのではないですか？

気づいてはいるものの、他のやり方を知らない、新しいやり方を少しやってはみたが、うまくいかなかった、こんなところが今のやり方から抜け出せない理由だと思います。満足のいくアポや成約が取れない、しかし、時々はアポが取れるし、たまに成約もする、だから今のやり方を続ける――これはこれで間違いではありません。人それぞれ考え方があるので、私は賛同はできませんが、異論はありません。

しかし私にとって、新規開拓が成功したかどうかを見分ける基準は、**誰がやってもほぼ同じ率で成約の再現性があるかどうか**なのです。

野球で言うと、偶然のホームランではなく、ヒットを積み重ねることができるかどうかです。研究を重ね、どんなピッチャーが出てきも、ある程度の打率を保つことが大事なのです。

テレアポ代行をやっていると、時々、「電話で社長と話してアポを取ってくれ」と依頼されることがあります。

もちろん、できることならやりたいのですが、一般的には、従業員数が10名を超えたら、社長は電話には出てきません。電話に出ない人を対象とすることは、私にとってよいことではありません。アポという結果をクライアントにお返しすることができないからです。

ですから、この場合、「社長ではなく、部長や担当者にアポを取って、そこから社長へ上がっていってください」と提案します。

しかし、この提案が受け入れられない場合があります。どうしても社長だ、と。そうなると、アポが取れないかもしれないということを説明した上で、テレアポをやって、最終的にはアポが取れない、となったりします。

すると困ったことに、事前に説明をしているのに、とても怒られるのです。

テレアポは、電話に出ない人とは戦えないにもかかわらず。


医師向けのテレアポを依頼されることもあります。

医師は休み時間以外は診療中なので、社長同様、ほとんど電話には出ません。ですから、掛けられる時間帯は昼休みか夜になります。

当社では夜のテレアポは行なっていないので、13時～14時30分くらいの昼休みの時間帯に集中して電話を掛けることになります。

しかし、この時間に電話をしても医師と話せる確率は低く、結果、アポ率も悪いというのが実情です。

これについても、きちんと過去の実績で説明をするのですが、なかなか理解していただけないことがあります。


つまり、何が言いたいかというと、ダメなものはダメなのです。**アポが取れない状況というのは、間違いなくある**のです。こうした事実を、アポが取れない人も知っておくことです。

ということで、本書では、アポが取れずに困っている人向けに、少しでも改善できるような現実的な方法をお伝えしていきたいと思います。

私自身が、日々のテレアポ業務の中で試行錯誤して行なっているやり方です。

それは魔法のやり方ではありません。

画期的な新しいやり方でもありません。

地味で時間が掛かりますが、今の顧客心理にあったやり方ではあります。

私の方法を採用するかどうかは、皆さんにお任せします。

アポが取れなくて困っている人は、現実を踏まえて改善の方法を探ろう

どんな心理でテレアポをすればいいのか？

7年前に発行した『驚異のテレアポ成功術』では、「**断られる前提でテレアポをする**」と書きました。

この考えは今でも変わっていません。

断られることのほうが圧倒的に多いので、そのたびに落ち込んでいては、身が持ちません。ある程度、断られることへの耐性が必要だと言えます。

断られることで考え、悩んでしまうと、前には進めません。

もうひとつ、**「たかだかテレアポ」と思う気持ちが必要**です。

そもそも、テレアポはゴールではありません。アポイントを取った後に面談をして、プレゼンテーションやクロージングをしなければなりません。

テレアポでアポを取ることは、契約に向けたプロセスの一部であり、通過点なのです。

ビジネス全体の設計図を描いて、その中の一部として、テレアポを捉えてください。すると、テレアポではうまくいかなくても、別のやり方でやってみる、あるいは、テレアポと他の手法を組み合わせてみる、といった考え方もできるでしょう。

「テレアポだけしかない」と思ってしまうと、うまくいかなかった時に追い込まれます。どんなことにも当てはまると思いますが、ひとつのやり方を極めるのも大事ですが、それがうまくいかなかった時の対応策も考えておかなければなりません。

他にもやり方があると思えば、心理的な余裕が生まれます。

「たかがテレアポ。別のやり方もある」

営業の手法は日々進化しています。インターネットの普及が、情報伝達の速さと劣化の速さをもたらしました。以前なら、新しい手法を作り出せば、かなり長い期間、安泰でした。しかし、今は違います。極論を言えば、国の規制でテレアポが禁止になったとしても、ダメにならないタフさと発想力が必要です。

テレアポがちょっとうまくいかなかったくらいで、悩んではいられません。

どんなやり方でテレアポをすればいいのか？

「テレアポ職人」と名乗っている、テレアポ専門家の私ですが、実は、自社の集客方法としてテレアポをメインで使っているわけではありません。おもにウェブやＤＭで集客しています。

なぜかと言うと、「テレアポと組み合わせるにはどの方法がいいのか？」「テレアポ以外の集客方法と何かをプラスすることで、より大きな効果を生み出せないか？」を確認したいからです。

それによってあらためて気づいたのは、**テレアポと他の手法を組み合わせると、とても効果がある**ということです。

この本はテレアポの本なのですから、テレアポだけのやり方を突き詰めていく必要があるのかしれません。

しかし、すでに述べたように、テレアポが難しいケースがあるのです。そこをどんなに突き詰めても、解決しません。


解決しないことは、「変わる」ことが必要です。

結果の出ないやり方を続けていても、「アポが取れない」「売上が上がらない」「人が辞めていく」――そうしたよくないことしか起こりません。

テレアポにこだわることは大切ですが、やり方は状況に応じてフレキシブルに変えることが必要です。前に成功したやり方でも、効果が出なくなれば変える必要があるのです。


ある会社にテレアポ代行を依頼していた企業から、「アポが取れなくなった」と、当社に問い合わせが入ったことがありました。「4年前はアポが取れたのに、今は取れない」、そんな話を聞くうちに、やり方に問題があると思いました。

商品・サービスを差別化しづらい業界の場合、一度目の電話でアポを取るのは難しいと思われます。そこで、お客様の興味を引くような小冊子を作ってもらいました。一度目の電話は、小冊子送付の許可をもらうことを目的に掛けて、送付後に再度電話してアポを取る、という狙いです。

このやり方に変えてから、アポが取れるようになりました。

資料送付を効果がないものと捉えて、禁止している企業も多くあるかと思います。これは、資料送付後に電話しても、アポに繋がらないという経験があるからでしょう。

ここで私は考えます。

では、どういう資料なら興味を持ってもらえるか？

封筒の表に「7月7日に連絡をした◇◇の資料が入っています。今すぐご開封を！」と開封を促したり、自分の思いを告げるセールスレターを書くなど、アポに繋がるような流れを設計します。

一度作ったものでも、反応が悪ければ修正します。ひとつのリストであっても、売上規模や業種、エリア別に適切な資料を模索します。

ただリストにしたがって電話をする、ということはありません。いろいろと考え、実験や試行錯誤をしながら、脳に汗をかいてテレアポをしているのです。

！ アポに繋げるにはどうするか、を試行錯誤する

どうやってモチベーションを維持すればいいのか？

テレアポで難しいことのひとつに、**モチベーション管理**があります。

電話によるコミュニケーションは声だけしか使えないので、他のコミュニケーション手段よりも伝達力が劣ります。ですから、伝わらないもどかしさや、断られた時の落ち込み具合は、他のコミュニケーションよりも大きくなってしまいます。

それを防ぐのが、モチベーション管理です。つまり、テレアポという仕事に対していかに高い意識を保てるかです。

現実的にはモチベーション管理は簡単ではありません。

まず、ある程度の数をこなして、「テレアポとはこういうものだ」ということを、頭と体で理解しなければなりません。極論すれば、テレアポという仕事の本質がわからないようなら、この仕事から離れたほうがいいでしょう。

しかし、日常的な仕事の中で、自分のモチベーションを高める簡単な方法もあります。取れたら、お昼に少し豪華なものを食べるとか、気に入った洋服を買うといった具体的な〝表彰〟をすることで、自分自身ががんばれるようにするのです。**日々のちょっとした成功に対して、自分にご褒美をあげる**のです。目標を達成するアポが

では、チームのモチベーション管理はどうすればいいでしょうか？

アポ数や成績をグラフにして貼り出しているケースがよくありますが、私は個人的にはあまり好きではありません。ここでは脅迫的に仕事をさせることの是非を論じることはしませんが、〝人参〟をぶら下げなくてもアポが取れるのが、本当に強いチームだと思うからです。

また、成績だけが評価基準の場合、インセンティブ目当てで働く人は、さらにインセンティブが高い企業に行くかもしれません。優秀な人の流出は、会社にとって大きな痛手です。チームでテレアポをする上で重要なのは、いろいろなことを教え合ったり、落ち込んでいる人にアドバイスをしたり、「自分もそうだった」と経験談を伝えられることだと思います。それができていれば、チームのモチベーションが落ちることはないはずです。

そのためには、人間関係を悪くするような人を採用しないことです。

アポが取れても、他の人とコミュニケーションが取れないような人であれば、採用しないことです。

当然のことですが、仕事は1人ではできません。チームとして、どういうふうにオペレーションしていくかを考えてみてください。

さらに、モチベーション管理のために、会社としては何をするべきでしょうか？

まず、**無理なテレアポをさせていないか**どうかが重要です。

「どんなリストでもアポは取れる。根性でやれ！」

10年前には当たり前だったこうした感覚は、今は通用しません。

がんばっても報われないことをやり続ける――これほどモチベーションが下がることはありません。

会社としては、最低限、結果の出るやり方を示す必要があります。リスト、スクリプト、話し方、補足資料やツール等をきちんと用意しておく必要もあります。

それからもうひとつ、もっとも重要なのが、**「自分が取ったアポイントがどういう商談になって、結果的に成約になったのか」を見せてあげる**ことです。

「電話してアポを取ったが、その後はどうなっているのか?」。アポインターにとっては気になる部分ですが、営業の人が成功のフィードバックをすることは、あまりないのではないでしょうか。その割に、話が伝わっていなかった、すっぽかされた、などのネガティブな反応はすぐ伝える。

そうではなくて、**よいことを伝えてください**。当社のアポインターが一番喜ぶのは、クライアントからの「成約しましたメール」です。クライアントから、訪問した際の話の伝わり方や商談内容を教えていただくことができた場合、当社ではアポインターにも回覧しています。

どんな人でも、自分の仕事が結果に結びつくのは嬉しいことです。

当社では、クライアントからのメール内容を、その後のテレアポトークに反映させています。これは、そのメールを読んで、「もっとがんばろう」とモチベーションが上がったからだと思います。

このように、モチベーションの上げ方は、個人、チーム、会社全体とそれぞれあり、またその方法もたくさんあるので、自分の状況に合わせて考えてみてください。

! モチベーションを上げるのは、自発的な力しかない

しつこいテレアポは是か非か

テレアポとは、〝悪いこと〟なのでしょうか?

インターネットの掲示板に、テレアポで掛かってきた会社名や掛けた人の名前が晒されることがあります。

「Aという会社から○○と言われた」「断ってもまた電話があった」など、こと細かに書かれています。ネットの掲示板なので、これは誰でも見ることができます。

たとえば、B社から掛かってきた電話がしつこかったとすれば、受けた人は、「B社の評判」といったキーワードでネット検索することもあるでしょう。すると、自分と同様のイヤな体験をしている人がいる。

こういうことがわかったら、次に電話が掛かってきた時の対応は予測できます。場合によっては、ある会社からの電話には出ないという対応になるかもしれません。

すると、電話をするほうは、会社名をアルファベットに略して言うようになります。しかしやがて、略した言い方も掲示板に載ります。

このようなやり取りがくり返されるのは、電話する側とされる側のどちらが悪いのでしょうか？

私は電話する側の味方になりたいとは思いますが、度が過ぎると市場から排除されます。


ある企業を訪問した時のことです。

マネージャーの方と打ち合わせをしていると、電話が入ったというメモが部下から渡されました。マネージャーはそのメモをチラッと見て、すぐ打ち合わせを再開します。「電話はいいんですか？」と尋ねると、「○○（ある業界名）だから、シツコくてね」と、にべもない返事です。


これが現実だと思います。テレアポをしている人は、売上を上げるために必死にやっているのかもしれません。しかし、**電話を受ける人にとっては邪魔なものでしかありません。**

もちろん、これは一部の業界、一部のテレアポ会社の話です。きちんとやっている人は大勢いて、問題なくアポも取れています。

ただ、**テレアポを受ける側にとっては、基本的にどんなテレアポでも同じに見える**ということを認識しておきましょう。悪いテレアポをひとつ受けたら、テレアポ会社すべてがそういうことをやっていると感じてしまうのです。

昔、電話を受ける人のことも考えず、ガンガン押し込むテレアポ会社にコンサルティングに行ったことがあります。コンサルティングを引き受けた以上は、何とか結果が出るようにしたいと思っていましたが、度が過ぎるやり方だと感じる点もあって、「このままだと市場が壊れますよ」と苦言を呈しました。すると「市場なんか壊れてもいいですよ。売上が上がれば」と言われました。

「弱肉強食」という言葉があります。「売上が上がれば」というのは、まさに競争原理からすれば、弱肉強食の発言だと思います。しかし、市場から見た弱肉強食もあるはずです。電話を受ける人、つまり市場を形成する人から排除されることもあるはずです。

自然の摂理として、無用なものは排除されます。

我々アポインターにとって、電話に出てくれなくなったら、打つ手はありません。

どの会社からのテレアポでも、受け手には同じに見える

それでもテレアポをやる理由

さて、いろいろとマイナスなことを述べてきましたが、それでもテレアポをする価値はあるのでしょうか？

十分にあると私は思っています。

私が「少しマズい」と思っているのは、電話帳の「あ行」から順に掛けていくような、何の関係性もないリストの顧客に対して、1回目の電話で強引にアポイントを取ろうとする、そんなテレアポです。

テレアポをする場合、初回は資料送付から入る、といった工夫が必要です（具体的なやり方は後述します）。

売れている企業はテレアポをうまく使っています。

- ウェブからの問い合わせに対して、インサイドセールスでフォローコールをする電話担当がいる（インサイドセールスに関しても後述します）。
- 展示会の翌日から、フォローコールやアポイントを取る仕組みができている。
- リストに対する反応を記録し、データを分析している。

他にもいろいろとありますが、テレアポを有効に活用している企業に共通して言えるのは、**ただ単純にテレアポをしているわけではない**ということです。

テレアポをする前や後に何かをうまく組み合わせて、効果を出しています。

テレアポは攻めの手法です。

ウェブ広告やＤＭ、メールは相手の反応を待たなければなりませんが、テレアポはこちらから仕掛けることができます。

サッカーを考えてみてください。サッカーでは、90分間点が入らない鉄壁の守りを構築すれば、負けはしません。しかし、点が入らないと勝てません。ですから、サッカーで勝つには、攻めと守りの両方が必要なのです。

同様に、今のテレアポは、テレアポだけでなく、他の手法と組み合わせることを考えなければなりません。

それには、日々の情報収集が欠かせません。

「今よりも、もっと！」という意識を常に持ちましょう。アンテナを張っていると、情報が入ってきます。しかし、意識をオフにしていると何も入ってきません。

今、私はテレアポの本を書いているわけですが、「テレアポの本を書く」というアンテナを張っていると、ネタが自然にたくさん集まってきます。

「久しぶりだし、書けるかな？」と思っていても、アンテナを張っていれば材料に困らないのです。

テレアポは攻めの手法。その効果は活用次第

この本は現時点でのテレアポ本の完成系です。
2章は「どんな人がテレアポに向いていて、どんな人が向いていないのか」です。
私が採用する時に注意していることなども述べたいと思います。

2章

テレアポに向く人、向かない人

どんな人がテレアポに向いているのか

どんな人がテレアポに向いているのか？

それがわかれば、「自分はアポインターとして、どのくらい適性があるのか」、マネジメント側にとっては、「どんな人を採用すればいいのか」がわかるかと思います。

私が一番思うのは、**素直な人**です。

「え、そんなこと？」と思うかもしれませんが、とても大事なことです。

逆に言えば、自己主張が激しい人や、我が強い人は向いていません。

成果報酬型で、「どんなアポでも取れればいい」という企業なら、我が強い人でもいいとは思いますが、私が本書で対象としているのは、一般的な企業で複数の人と一緒にテレアポを行なう場合で、一過性の売上でなく、継続的な売上を考えている企業です。

素直な人――なぜ、こんな単純なことをわざわざ挙げるのかと言えば、今、テレアポが置かれている状況にその理由があります。

１９８０年代初頭に「テレマーケティング」という手法がアメリカから入ってきて、日本でも爆発的に広がりました。テレマーケティングの一部である、アポイント取得をメインとする行為を「テレアポ」と呼ぶようになり、さまざまな企業が取り入れました。しかし、なかには強引なやり方や間違った解釈で行なう人々もいて、一部、受ける側に「テレアポはイヤなもの」という印象を残しました。

今そんな状況で、テレアポを自分本位なやり方でやっていては、まったく相手にされません。相手の方との距離感を計り、コミュニケーションをうまく取りながら、話を進める必要があるのです。相手が嫌がっているような場合には、論破するのではなく、嫌がっていることを受け入れ、そこからどう打開していくか考えることが必要です。

自己主張が激しい人や我が強い人は、「自分は悪くない。アポが取れないのは、テレアポが嫌われているからだ」「リストが悪い」「商品・サービスが悪い」と言って、現状を受け入れることをしません。これではうまくいかないのは当たり前です。現状を認識して、そこからどうやっていくのかを考える素直さが必要なのです。

現状を受け入れ、対応できる素直さが必要

「電話が苦手」でもテレアポ上手になれる

私の先輩に、対面での営業には自信があるが、テレアポ・電話は苦手だという人がいました。面談すれば契約を取ってきますが、テレアポができないので、訪問先にいつも困っているという状況でした。

このように、対面は得意だけど電話は苦手という人がいます。逆に、対面は苦手だけど電話は得意だという人もいます。つまりは、自分がテレアポに向いているかどうかの判断基準は、当たり前のようですが、**電話のコミュニケーションが得意か、苦手か**となります。

しかし、**苦手だと思っている人の中には、やるべきことをやっていない人もいる**のです。

電話でのコミュニケーションは、他のコミュニケーションよりも情報伝達手段のバリエーションが劣ります。

たとえば、目の前にいる人になら、資料を見せたり、身振り手振りで伝えるなど、視覚に訴えることができます。人間は視覚から膨大な量の情報を得ていますから、言葉で説明するよりも、見せたほうが多くの情報が伝わります。

インターネット通販が現在のように盛んになったのは、「見える」ことが大きいとも言えるでしょう。商品の写真、値段、大きさなどが「見える」ことは、商品を買う側にとってはとても重要なことです。

どんなにコミュニケーション力に優れた人が電話で説明しても、「伝わる」という点で、「見える」説明には勝てません。

こうした、**電話によるコミュニケーションが他のコミュニケーションよりも劣ることを理解した上で、その対策を打てるかどうか。**これがテレアポに向いているかどうかの本当の判断基準となります。

電話のコミュニケーションは、情報伝達力が対面より弱いから、話し方に工夫をする。
電話のコミュニケーションは、情報伝達力が対面より弱いから、ゆっくりしゃべる。
電話のコミュニケーションは、情報伝達力が対面より弱いから、先に資料を送って、2度目の電話は資料を見てもらいながらしゃべる。

といった、テレアポならではの工夫が必要なのです。

冒頭で紹介した私の先輩のように、対面での商談は得意なのに、電話は苦手という方は、電話でのコミュニケーションが他よりも劣ることを理解し、対策を打つことで、問題なく苦手意識を克服できるはずです。

対面のほうが楽だから、電話ではなかなか伝わらないから、と感覚的に捉えて、なんとなく敬遠しているだけだと思います。

！ 電話にはハンデがある。そのハンデを克服する工夫ができるか

アポが取れる人に共通する3つの行動

私の会社では、適宜、アポインターの採用をしていますが、採用するにあたっては、ある程度の判断基準があります。あくまで私の主観に基づくものですが、この基準で採用した人が問題を起こしたり、酷い辞め方をしたようなケースはありません。

人材の採用に関する本はたくさん出ていて、そちらのほうが、より具体的なことが書かれていると思います。しかし、ことアポインターの採用に関しては、特に「アポが取れる人を採用する」という意味においては、私の基準はある程度、成功していると思います。結果が出ているわけですから。

では、私がどんな基準で採用しているか、についてお話ししましょう。アポインターの方は、以下の基準をご自分に当てはめてみてください。

①応募時の電話がきちんとしている

採用時は、求人誌やインターネットの求人情報を見て応募してくるのが一般的ですが、どちらでの応募でも、面接の予約を取るために電話を掛けてきます。

この時の電話の印象を、私は大事にしています。

まず、話し方に気を使っているか、です。

横柄な話し方をしていないこと、一方的に自分の言いたいことだけを言わないようにしていること、こういった点を、最初の電話の会話の中から確認しています。

アポインターの仕事は電話で話すことなので、電話での〝感じ〟はとても大切です。電話での感じの悪さは、本人は気づいていないことが多く、直そうとしても、なかなか直るものではありません。

②面接時間の5分前には到着する

時間に対する考え方は人それぞれだと思いますが、私の会社では、かなり厳格に時間管理をしています。私の中では当たり前のことですが、始業時間の10分前には席に着き、準備をしていることが基本です。

また、当社には遅刻をする人はいません。

私自身、記憶している限りでは、もう15年以上遅刻をしたことがありません。提出物の期限にも遅れたことはありません。

こういう組織ですので、時間にルーズな人が入ってくると、まわりの人とペースが合いません。

私は、時間に対する考え方を確認するために、約束した時刻の何分前に当社に到着するかを見ています。

私の会社は少しわかりづらい場所にあるので、ある目印から携帯電話で連絡をしてもらい、電話で誘導するようにしています。仮に15時に面接なら、その目印から歩くことを考えて、5～10分前に電話をしてくる人は合格です。これが、1分前や15時ちょうどに電話をしてくる人は、あまり当社に向いている人ではないことが多いのです。

それがなぜわかるのかと言うと、当社ではミスマッチを防ぐために、1～2日間、実際に働いてもらいます。その〝お試し勤務〟の中で、どんな人柄か、どんな仕事のやり方をするのかがわかるのです。

お試し勤務は、働く側にとってもメリットの多い制度だと思います。どんな仕事かがわかるので、自分に合っているかどうか、判断することができます。

また、電話で誘導する時に、道沿いにあるお店や目印を伝えますが、これがうまく伝わらない人も、電話でのコミュニケーションに難があると言えます。

③面接で明るく話せて会話がきちんと成立する

面接をたくさんしていると、いろいろな人に出会います。

面接の場で暗く、声が小さく、質問への反応が鈍い人は、採用しません。面と向かってコミュニケーションが取れない人は、電話だと、さらに伝えることができないからです。

話し方が暗いかどうかは本人の資質によるところが大きいと思いますが、電話ではその暗さが倍増します。また、声が小さいと、どんなに電話が高性能でも相手に届きません。


そして、面接で会話が成立しない人が一番困ります。

「会話が成立しない」とは、自分がどんなにテレアポができるか、時給がいくらになるのか、業務内容はどういったものかなど、自分の言いたいこと、聞きたいことだけを一方的にしゃべる人のことを指します。

こういう人は、他社でアポを取った実績がどれほどあったとしても、私は採用しません。

当社では、一方的に話してアポを取るのではなく、相手の真意を聞き出すために質問や話を展開してアポを取るようにしています。これが当社の高アポ率の根幹でもあります（「質問術」や「展開力」については後の章で述べます）。

こういった理由から、面接でコミュニケーション力をチェックすることを重視しているのです。

いかがでしょうか？

当社の採用基準を述べましたが、アポを取るために必要な条件と言い換えることもできます。アポインターの方は、もう一度、自分に当てはめて考えてみてください。

電話での〝感じ〟、時間管理、そしてコミュニケーション力

よくしゃべる人がテレアポに向かない理由

テレアポはしゃべる仕事なので、よくしゃべる人は向いていると思われがちですが、私は**しゃべることと人の話をきちんと聞くことが同時にできる人が、アポインターに向く人**だと思っています。

採用基準のところでも述べましたが、よくしゃべる人は一方的に話す傾向があるかと思います。自分の意思が強いのは悪いことではありませんが、テレアポでは相手を論破することが「勝ち」ではありません。

また、よくしゃべる人は相手を説得する傾向がありますが、説得して無理にアポを取ると、相手の人には、「うまく言い返せず、押し切られた」というマイナスの感情が残ります。これでは、面談できてもよい商談にはなりません。よい商談でないと、その後の成約には繋がりません。

アポを取るのは大切なことですが、成約に繋がるアポである必要があります。

私の会社でも、無理矢理のアポでの失敗例があります。

ある企業のテレアポ代行を請け負った時のことです。無事にアポが取れた後、クライアントのホームページの問い合わせフォームに、こんなメッセージが入りました。

「先ほど御社のAさんから電話があって、一方的に押し切られて会うと言ったが、会いたくない。断れなかった」

クライアントからこの連絡を受けて、アポインター本人に確認をすると、「あまり反論する人ではなかったのでアポを取りました」ということでした。注意をしていても、たまにこういうことが起こります。

気の弱い人や、言い返すことができない人はいます。そういう人に〝しゃべる人〟が電話をすると、つい、言い負かしてしまいます。

「アポを取ること」とともに重要なのは、「主旨がきちんと伝わっていること」です。そのためには、相手の人とコミュニケーションをきちんと取れることが必要です。

つまり、しゃべることと同じくらい、聞くことが重要なのです。ですので、よくしゃべる人は、よく聞ける力も併せ持っていなければなりません。

! しゃべることと同じくらい、聞くことが大事

考える人よりも、行動に移せる人

どんなことにも当てはまると思いますが、考えるだけで行動に移せない人はダメだと思います。

テレアポの悩みの相談で、こんな内容のものが結構あります。

「今、上司から今月中にアポが取れないとクビだと言われています。入社以来1件もアポが取れていません。私はじっくり考えて納得するまで動けないタイプです。DVDを見てアポが取れるでしょうか」

これは、当社で販売しているテレアポのノウハウDVDに関して、購入前に寄せられた質問です。この手の質問は、世の中に絶対はないだけに、答えづらいものです。

自分はこういうタイプである、と言うこと自体は悪くはないと思います。しかし、「動けない」と宣言されてしまうと、どうしようもありません。

現実の経済活動においては、アマチュア将棋のような「待った」はありません。ですから、自分がどういうタイプだと言っている暇はありません。


テレアポをしている最中は、臨機応変に対応する必要があります。

作ったスクリプト通りにいかないのは当たり前です。

突然、知らないことを質問されることもあります。

そこで「私は時間が掛かるタイプなので少し時間をください」と相手に言えるでしょうか。もしそんなことを言ってしまったら、その段階でテレアポは終わりです。


プライベートでは、個人の性格や特性を伝えて、相手の人に合わせてもらうことは可能かもしれません。しかし、ビジネスは違います。

テレアポではスピーディーに動かなければいけません。

考えながら動くことが必要です。

また、そういうことができる人がテレアポに向いていると言えます。

❗ 待ったなしがビジネスの世界。考えながら動くスピーディーさが必要

真面目な人と不真面目な人、どちらが伸びるか？

真面目な人と不真面目な人の、どちらがテレアポに向いているでしょうか。

何をもって真面目と言い、何をもって不真面目と言うのか、その定義は難しいのですが、テレアポにおいては、「臨機応変な対応」という原理原則があります。

たとえば、スクリプト（台本）や応酬話法は基本的なことなので、ある程度、守る必要があります。しかし、現実には、スクリプトから離れなければならない場合もあります。

「それはB社の商品とどこが違うの？」

このように聞かれた場合、当社の応酬話法では、「私は電話担当なので、詳しいことは営業担当から連絡させていただきます」と言うことになっています。

基本はこの切り返しでいいのですが、相手の人との距離感や言葉の感じによっては、この切り返しではダメな場合があります。

たとえば、相手の人が「今すぐの答え」を求めているなら、商品の違いが明確にはわからなくても、何かしら答えなければなりません。そうした場面で、あまりに真面目な人は、即応した対応ができない場合があります。教わった応酬話法で切り返すことは、間違ってはいませんが、**決まりきった対応では不十分な場合がある**のです。

サービス業における「マニュアル対応」が嫌われるのと同じことです。

レストランでクレームが起きた時に、「本部に確認しないとわかりません」と言われると、怒りが倍増したりします。マニュアル上は間違ってはいないのでしょうが、もう少し現場の状況に応じた対応をしてはどうかと思います。

ホテルのザ・リッツ・カールトンでは、各社員に裁量が与えられていて、お客様のために個々人で判断してサービスを提供しています。

基本があり、そこに対応力や応用力がついて、はじめてアポがたくさん取れるようになります。もし、同時期に入社した人とテレアポ力に差があると感じている人は、自分が真面目なタイプか不真面目なタイプかを客観的に判断してみてはいかがでしょうか。

！基本やマニュアルが絶対ではない。どう現場で対応できるかが大事

男性と女性、どちらが向いているか?

この項目は誤解されると困るのですが、私の個人的な意見だと思ってください。男性と女性のどちらが優れているかを論じているのではありません。

時々、採用に関して、「経験者と未経験者のどちらがいいか」と、もうひとつ「女性と男性どちらがいいか」を聞かれます。

経験者と未経験者は、どちらがいいとは言えません。経験者は即戦力という意味ではいいものの、変なクセがついていると直せない場合があります。

たとえば、一方的にしゃべるテレアポ会社にいた人は、会話術や話の展開を考えてアポを取るのが苦手で、そのクセが抜けるまで、時間が掛かったりします。

他方、未経験者は染まっていない分、教えたことを吸収してくれれば、ある程度できるようになります。でも、時間が掛かる人もいます。そして、断られることに耐えられない可能性もあります。

では、性別による向き不向きはどうでしょうか。

アポインターや電話に関する仕事に就くのは、圧倒的に女性が多いと思います。理由のひとつは、**女性のほうが電話がうまい**からです（勤務形態や給与額の影響も多分にあるとは思いますが）。

では、なぜうまいのか？

それは電話に携わる時間の長さが関係していると思われます。

一般的に、男性はあまり長電話をしません。

小説でも、映画やドラマでも、男性が長電話をしているシーンを見ることがあるでしょうか？　私も長電話をすることはありませんし、友人・知人で長電話をする男性は、ほとんどいません（恋愛中の女性との電話は別ですが……）。

それにひきかえ、女性は小さい頃から電話に触れていて、友達と長電話をする機会も少なくないはずです。

この経験が、差として表われるのだと思います。

特に、電話は相手が見えない〝特殊なコミュニケーション〟なので、小さいうちから慣れていることが、その後に大きく影響します。

女性は小さい頃から電話に親しんでおり、そして電話を「感情や思いを伝えるもの」だと考えています。伝える時に感情表現をすることによって、話の内容がより伝わりやすくなることを体感しているのです。

一方、男性は、電話を「用件を伝えるもの」と固く考えています。電話を道具として捉えているわけです。

ほとんどの男性が、仕事に就いてはじめて、電話で長く話すという経験をするはずです。自分の意識や言いたいことを電話で伝える機会は、社会人になるまで、ほとんどなかったはずです。仕事でないプライベートの話なら、会って話せばいい――こう考えるため、男性は電話でのコミュニケーションが下手です。電話で感情表現をしたり、ニュアンスや感じを伝えるのが苦手です。そうした違いは、ひとえに経験値によるものなのです。だから、訓練や経験が必要なのです。

電話でのコミュニケーションには〝慣れ〟も必要

携帯電話を子供の頃から使っている人はテレアポに向いている？

１９８５年にＮＴＴがショルダーホンを発売し、１９８７年にショルダーホンを小型化した携帯電話機を発売しました。この後、さまざまな機種やｉモード等のサービスが登場します。２０００年にはアナログ回線が完全終了し、デジタル回線に切り替わりました。

携帯電話の歴史を振り返り、子供向けの料金プランが登場した時期も考えると、子供も携帯電話を持てるようになったのは、２０００年以降と考えられます。

今が２０１３年なので、子供の頃から自分専用の携帯電話を持つ世代は、まだ社会には出ていません。

私が子供の頃は、電話は家庭に1台あるものでした。私は現在47歳で、生まれたのは１９６６年です。公衆電話もまだたくさんあった時代です。

家の電話に出るようになるのは、小学生の高学年になってからです。電話に出るといっても、ほんのたまに出るという程度です。

では、今後、子供の頃から自分専用の携帯電話で話をしてきた世代が、テレアポをしはじめたらどうなるでしょうか？

あくまで想像の域を出ませんが、電話によるコミュニケーションには慣れていると思います。コミュニケーション能力は、育った環境に左右されるでしょうが、「電話料金が高くなるから長電話してはいけません」と言われた世代とは、根本的に違う感覚を持っているると思うのです。

将来的には、電話のあり方も変わるかもしれません。
スカイプのようなテレビ電話が普及するのか？
あるいは、今の音声のみの電話がそのまま残るのか？
こういうことも含めて、未来のテレアポについて考えると、楽しみになります。

未来のテレアポについて考えるのも一興

営業に向いている人とテレアポに向いている人の違い

一般的に言えば、営業に向いている人の条件は、元気があって、身なりも清潔で、対面した時に好印象を与えられることです。

では、テレアポでもそれらの要素が必要かというと、そんなことはありません。

なぜなら、テレアポは対面するわけではないからです。相手の人に、こちらの身なりは見えません。

これまで、テレアポの「見えない」ことを不利な条件としてお話ししてきましたが、利点もあるのです。これを利用しない手はありません。

相手に見えないので、テレアポでは「演じる」ことができます。元気な人を装うことが可能なのです。仮に、普段はあまり元気のない人でも、元気な人を演じてしまえば、相手には元気な人と受け止められます。

こういうわけで、アポインターが、いわゆる〝デキる営業マン〟に近づこうとする必要はないのです。むしろ、電話でのコミュニケーション力を極めることが必要です。

何度も言うように、電話でのコミュニケーションは簡単ではありません。

よくあるのが、提案したい商品を似たような別の商品と勘違いされて、説明するもののうまく伝わらず、結果、断られてしまうといったケースです。私もこのような経験をいくつもしています。

一所懸命に説明をしても、わかってもらえない。これが面談なら、資料や商品の実物を見せれば、違うということはすぐに伝えられます。それを電話でわかるように伝えるコミュニケーション力を磨くのです。

さて、先ほど「テレアポでは演じることができる」と言いましたが、**テレアポに向いている人は、総じて、演じることがうまい**と言っても過言ではありません。

私自身も、何パターンかの人物像を演じています。

- **若くて元気のある営業マン風**
- **落ち着いた雰囲気の管理職風**
- **少し馴れ馴れしい人風**

そして、演技の最大の武器は「**方言**」です。

私の会社には、全国のクライアントからテレアポ代行の依頼があります。地域によっては標準語だと反応の悪い場合があって、相手に合わせて方言を使えるかどうかが、アポ率に大きく影響します。

北陸地方にテレアポをした時に、こんなことがありました。

北陸地方では一般的に、「もしもし」の代わりに「ごめんください」と言います。ですから、第一声は、「ごめんください、○○会社です」となるのです。

アポインターさんも私も、この話し方には違和感がありましたが、同じように話さないとよそ者と見られて反応が悪いので、「ごめんください」と言いました。

これも「演じる」の一環です。

このように、テレアポにはテレアポ特有の条件ややり方があり、それに合わせられる人が、テレアポ向きの人と言えます。

場面に応じて演じ分けるのがアポインターの力量

日本語は話せますか？日本語は通じますか？

「日本語は話せますか？　日本語は通じますか？」

私が最初に勤めた会社の上司から、毎日のように言われた言葉です。

それとは別に、この上司に毎朝「お世辞」を言いに行く、ということもやらされていました。１週間もするとネタが尽きてしまい、「今日の天気がいいのはＡさんのお陰です」「あ、まぶしい！　Ａさん、後光がさしてます」と、訳のわからないことを言っていました。


当時は「このおっさん、何を言っているんだ？　何をやらせているんだ？」としか思っていませんでしたが、その意味するところを、30歳を過ぎてようやく理解しました。

「**人とのコミュニケーションは難しい**」。上司は、こう伝えたかったのだと思います。

ある商品のキャンペーンの時にも、「竹野さんよ、日本語は通じているかね」と言われました。「大丈夫ですよ。問題ないですよ」と答えると、「そうかね、キャンペーンの商品は買ってもらったかね」と聞かれます。

「いや、まだですけど。すでに伝えてあるので、必ず買ってくれるはずです」という私の言葉に対して、上司はこう言いました。

「そうだね。ただね、覚えておきなさい。人間、一度言っただけでは伝わらないよ。何度も同じことを言ってはじめて伝わるんだよ」

今なら、この会話の行間で語られていることや、何を伝えたかったのかが明確にわかります。しかし、残念ながら、当時はわかりませんでした。

人とのコミュニケーションが難しいのなら、テレアポのコミュニケーションも難しいのです。むしろ相手が見えない分、より一層、難しいのです。それを理解した上で、対応策を考えたり、やり方を工夫できる人が、テレアポに向いている人です。

営業経験がなくても構いません。話がうまくなくても構いません。

声だけで、電話で伝えることができればいいのです。

! 本当に相手に伝えられたか、を常に意識しよう

何事にも準備は不可欠です。

2010年のサッカーワールドカップ直前の、本田圭佑選手と中田英寿さんの対談で、本田選手がしきりに「よい準備をすれば、よい結果が生まれる」と言っていました。

見事その通りに、事前の予想を上回る結果が出たと思います。

よい準備をすれば、よい結果が生まれます。

この章では、よい結果を生むための準備のやり方と、トレーニング方法について述べていきます。

3 章

テレアポの準備とトレーニング方法

事前に準備しておきたいテレアポ5つ道具

少しでもよい結果を生むために、私は準備には相当こだわっています。

何にでも言えることだと思いますが、**よい準備ができれば、大抵、本番は成功します**。

ですから、私の会社では、「とにかく準備はちゃんとしなさい」と指示しています。

ここでは、テレアポをする前に用意しておくと役立つ５つの道具をご紹介しましょう。


たとえば、この中でボールペンを準備し忘れたとしましょう。電話中、何かを書く必要が生じた時に、ボールペンがないことに気づくわけです。そこで、電話を中断してボールペンを用意する。

この間、ほんの数秒だと思います。それでも、無駄な時間であることに違いありません。

特に、朝にこれをやってしまうと、その日のリズムが乱れます。

朝はその日のペースをつかむ上で大事な時間です。準備がしっかりしてあれば、何事も

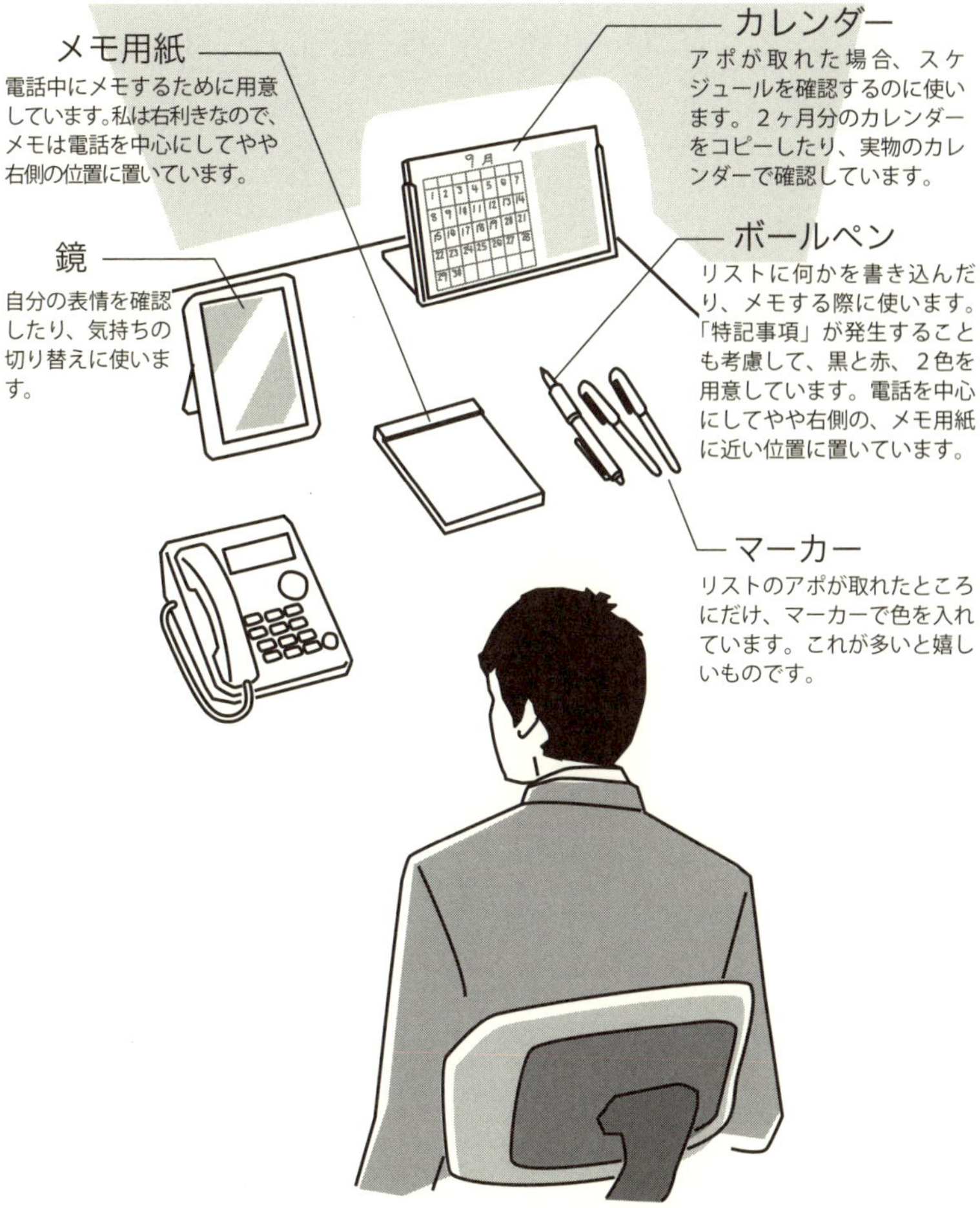
メモ用紙
電話中にメモするために用意しています。私は右利きなので、メモは電話を中心にしてやや右側の位置に置いています。
カレンダー
アポが取れた場合、スケジュールを確認するのに使います。２ヶ月分のカレンダーをコピーしたり、実物のカレンダーで確認しています。
9月
鏡
自分の表情を確認したり、気持ちの切り替えに使います。
ボールペン
リストに何かを書き込んだり、メモする際に使います。「特記事項」が発生することも考慮して、黒と赤、２色を用意しています。電話を中心にしてやや右側の、メモ用紙に近い位置に置いています。
マーカー
リストのアポが取れたところにだけ、マーカーで色を入れています。これが多いと嬉しいものです。

スムーズに進みます。逆に準備ができていないと、あれを取りに行って、何かを探して……と、ペースをつかむまで時間が掛かります。ペースがつかめないと、電話の件数が伸びません。

他に、別の観点から用意しているものがひとつあります。それは**鏡**です。

鏡は、テレアポをしている最中の自分の表情を確認するのに使います。

相手には顔は見えませんが、**「笑顔の声」で話す**のは、重要なことです。

さらに、**気持ちの切り替え**にも鏡を使います。断られたり、アポが取れないと、どうしても落ち込みます。そんな時、大抵は暗い顔をしていると思います。そこで、自分の顔を見て、笑顔が出るようにするのです。

鏡を置くことができないようなら、パソコンのモニターでも構いません。スリープ状態なら画面が黒いので、少しは顔が映ると思います。

準備がしっかりできていれば、1日のリズムができる

基本が大事

とても当たり前のことを言うようですが、テレアポでも基本が大事です。

多くの人が、慣れてくるとテクニックに走ります。テクニックを使ったほうが、もっとアポが取れると思うのでしょう。

人によっては、テクニックを使ったほうが何かカッコいい、そんな風に思っているかもしれません。しかし、基本を忘れたテクニックほど無用なものはありません。

テクニックは、基本の上にプラスしてこそ価値があります。基本をおろそかにしたテクニックの独り歩きは、受け手に見透かされてしまいます。

あまりに流暢なしゃべり方だと、かえって胡散臭く感じられ、信頼性を疑われます。完璧過ぎる応酬話法は、人間味に欠けます。

人間は感情の動物です。うまくしゃべるより、噛みまくっても一所懸命に話すほうが、伝わるのです。

セミナーでお話しするにしても、本でお伝えするにしても、革新的なことをキャッチーな言葉で語ったほうが、皆さんの受けがよく、興味を引くことでしょう。しかし、それが実践で使えないとしたら、意味がありません。

実践で使えて結果が出るのは、やはり基本的なやり方なのです。

実践で結果が出るのは、基本を踏まえたテクニックである

スポーツ選手が練習でランニングをしない、筋力トレーニングをまったくしないということはないはずです。練習が嫌いな人でも、勝つための訓練としてランニングをし、筋力トレーニングを欠かさないはずです。なぜなら、それが基本だからです。

テレアポも同じです。基本を忘れずに練習して実践することが、何より大切なのです。

繰り返しが大事

今日と同じことが明日もできれば、アポ率は常にほぼ一定になるはずです。でも、実際にそうならないのは、人間が忘れる生き物だからです。今日できたことが、明日もできる保証はありません。

だから、**頭と体で覚えることが必要**なのです。

それには、**繰り返すこと**が必要です。

当社に新人のアポインターが入ってきたら、まずは同じ案件をしばらくやってもらいます。あっちの案件、こっちの案件と変えるのではなく、ひとつの案件を繰り返してもらいます。

繰り返すことで、口がスクリプトを覚えて、なめらかにしゃべれるようになります。体がしゃべるスピードや、応酬話法のタイミングなどのリズムを覚えます。

すると、頭がその案件の流れを覚え、対応力や応用力が身につきます。

人間は、同じことを繰り返したほうが、頭も体も楽です。悪く言えば「マンネリ」ですが、「継続は力なり」とも言います。

通勤経路を毎日変える人はいないでしょう。同じ経路を使えば考え悩む必要がなく、スムーズに会社に着けるからです。

新しいことをする時は、頭も体も抵抗をします。それが習慣化して慣れると、抵抗感はなくなります。

テニスの初心者は、必ず素振りをやります。単純な素振りの繰り返しで効果があるのか？　と疑問に思いますが、ラケットを振ったことがない人が確実にフォームを身につけるためには、不可欠な練習なのです。

将来、ウィンブルドンで優勝する人も、最初はまず素振りからはじまります。

同様に、テレアポも基本を忠実に繰り返して、まずは頭と体で覚えることが大事なのです。

新人はまず、基本を頭と体で覚えること

ある程度の数をこなさないと対応力が生まれない

テレアポのトレーニング方法として、**ある程度の数をこなす**ことが挙げられます。「数稽古」という言葉があるように、テレアポでも数多くの電話をすることによって、はじめて見えてくるものがあるのです。

今まで述べてきた「頭」と「体」も、数稽古で慣れてこそ作られます。

では、具体的に何件やればいいのか？　と問われると、明確な答えはないのですが、**自分がテレアポをしている時に、まわりの声ややっている状況がわかる、**というのがひとつの判断基準と言えます。

どういうことでしょうか？

テレアポに慣れていない人は、相手の言っていることを聞いたり、切り返しをすることに、精一杯です。これが、数稽古をして慣れてくると、冷静に対応できるようになって、まわりを気にする余裕も生まれます。

その状態になれば、相手が無理難題を言ってきても、焦らず対応することができるわけです。つまり、**経験や引き出しの多さが、自分を助けてくれる**のです。

武道には「型」というものがあります。前項でも述べましたが、ひとつの型を習得するためには、繰り返し反復して体に覚え込ませます。すると、はじめはなかなかできなかったことが、少しずつできるようになります。

多くの人が、なるべく少ない数の電話でアポが取れることを望んでいるはずです。私も少ない電話本数でアポが取れればいいと思っています。

しかし現実は、当社の平均アポ率は約6％なので、アポが取れない電話本数が90％以上を占めています。ここをどうにか少なくできればいいのですが、なかなか簡単ではありません。

ですから現実を踏まえて、基本的にテレアポとは、数多くの電話を掛けなければならないものだ、と心に植えつけることも必要です。

そういう意味でも、テレアポでは数稽古が必要です。

数稽古は新人の頃に限らず、慣れてからも取り組むことをお勧めします。

新しい案件、新しいスクリプトなど、新しいことをやる時には、慣れることが必要です。

そのためには、数多くの電話をするのが一番です。


偉大なホームランバッターは、他人から見えないところでバットを振っているのです。

皆さんも、今の自分の稽古が将来の自分を助けると思ってがんばってください。数稽古をして一度身についたことは、簡単には消えません。

数稽古による慣れが余裕を生む

声の出し方　3つのポイント

テレアポで声の出し方を気にしたことがあるでしょうか?

実は、アポがたくさん取れる人は、声の出し方が違います。どう違うかというと、**はっきり、滑舌よく、声を前に出している**のです。


「はっきり」がどんな状態かは、おわかりかと思います。

「はっきり」に関して注意していただきたいのは、**語尾もはっきりと言う**ことです。

なかには、語尾を濁してごにょごにょとしゃべる人がいます。

アポを取りたいのか、忙しいかどうか確認しているのか、わかりにくい人がいます。

アポを取りたい時には、

「ぜひ、一度お会いしていただきたいと思います。つきましては○日の○時か、○日の○時はいかがでしょうか」

と、語尾まではっきりと言わなければなりません。

「月末でお忙しいと思いますがぁ〜、少しのお時間で済むのでどうでしょうかぁ〜」と、語尾を「か」ではなく「かぁ〜」としてしまうと、はっきりとした返答を求めているのか、曖昧になります。相手にお伺いを立て、委ねてしまっているわけです。

これではアポは取れません。

電話でのコミュニケーションは難しい、対面でのコミュニケーションに比べて劣る、ということは、すでにお伝えした通りです。テレアポはコミュニケーションとして完璧ではないからこそ、語尾まではっきり言う必要があります。

次に「滑舌」です。

私も滑舌がよいほうではありませんが、**口を正確に開けて、正しく発音する**ようにしています。

最後に、「声を前に出す」と言いましたが、「前に出す」とはどういうことでしょうか。

実は、**声は口が向いている方向へ伝導します**。口が下を向いていると声も下に、口が前を向いていると、声も前に伝わります。

テレアポをする時は、基本的に机に置いたスクリプトを読みながらしゃべるため、口が下を向いていることが多いはずです。

やむを得ないことではありますが、これは発声という観点から見ると、いいことではありません。下を向いてしゃべると、こもった声となり、こもった声は聞き取りづらくなります。

これを改善する目的もあって、当社ではパソコンのシステムを導入しました。このシステムによって、スクリプトをパソコン画面に表示できるので、前を向いてしゃべることができるのです。

また、ヘッドセットをつけると手が空きますから、身振り手振りをつけながら話ができて、表現力もアップします。

声の出し方のトレーニングも、テレアポの上達に欠かせないもののひとつです。

！ 前を向いてしゃべると、はっきりとした声になる

声質と声のトーンより もっと大事なこと

声質と声のトーンを、非常に気にする人がいます。考えに考えて、テレアポの時、普段の自分の声とは違うトーンでしゃべったりする人です。

それが正しいことなのか？　結論から言えば、声に関しては、正解はありません。

一般的に電話では、少し高めの声がいいと言われますが、あまり作った声だと、違和感を持たれます。

実際に、こんな私の例があります。

当社のテレアポ代行業務を担当するアポインターが、ある月に複数欠勤するという事態が発生しました。骨折で休んでいる人が2人いる中で、さらに子供が熱を出した、ケガをしたと、急な欠勤が相次ぎ、やむを得ず、私もフル回転でテレアポをすることになりました。仕事量がかなりある時期だったので、私1人で約2人分を1日でこなすという状況です。

休憩も取らずに、朝から晩までひたすら電話を掛けまくりました。すると、3日目に異変が起き、朝起きたら声が出なくなっていたのです。困ったとは思いましたが、私まで脱落するわけにはいきません。

その時の声をお聞かせできないのが残念ですが、本当にガラガラでした。ガラガラなので、余計なことを言わずに（正確には、言えない、しゃべれない）、最短でアポに持っていきました。

「声が変ですいません。実は○○の件でご連絡しました。□□の事例で△△の実績があるのすが、一度お話を聞いてください」

こんな感じでシンプルに話しました。いえ、これが精一杯だったのです。

しかし、驚くべきことに、この時、1日で6件ものアポが取れています。次の日も4件のアポです。

声がきちんと出る時よりも、よい結果です。

（ただし、この時の無理がたたって、数ヶ月後、喉にポリープができてしまいました。結果、手術するはめになりましたので、皆さんはくれぐれも無理をしないでください）

この経験から思ったのは、次のようなことです。

声質や声のトーンは大事で、アポが取れる要因のひとつではあります。しかし、それが本質ではなく、いかに伝わるか、伝えるか、ここが重要だということです。

思い返すと、声が出ない私は一所懸命に伝えようとしていました。声はガラガラですが、その分、思いをしっかり込めていました。

さらに、長くしゃべれないので要点だけを伝え、クロージングをしていました。ただただ、伝えようとしていました。

私は、受付を突破する方法として、「私の電話は重要な電話だから、きちんと繋いでくれ」という感じを電話に込める、ということをします。へつらわずに落ち着いて、切らずに繋いでほしいという雰囲気を電話に込めるのです。文章では伝わりづらいかもしれませんが、変なテクニックよりもよほど効果があります。

電話の相手は人間なのですから、こういう「思いを伝える」ことは重要です。

時々お話しすることですが、究極のテレアポとは、

「○○の件で電話しました。会いたいです」
と言うこと、この短い言葉の中に、**「会いたい」という気持ちをたくさん込めること**だと思っています。

と言っても、現実的には、この短い言葉では何を言いたいのかがわかりません。そもそも多くの人は、人と人とが会うためには、それだけの理由が必要だと思っているので、説明をしなければなりません。ですから、説明の中にも気持ちを込めることが大事になってきます。

声のトーンを考える時に、「どうやったら伝わるか」をぜひ考えてみてください。声のトーンが主役ではないのです。

テクニックより、一所懸命さが伝わる

アポを取れる理由が真似るとわかる

テレアポのトレーニングのひとつに「真似る」という方法があります。うまい人のやり方を、しゃべり方、間の取り方、切り返しの仕方、スクリプト、これらを何も考えずに真似てみる。とにかく、徹底的に同じようにやってみるのです。

特に新人のテレアポ未経験者は、**真似ることが必要**です。テレアポに限った話ではありませんが、どうやればいいのかわからない時には、わかる人に聞けばいいのです。何の基準も持っていないということは、それだけ他人のやり方を吸収する余地がある状態とも言えるのですから。

当社では、トレーニングの一貫で、他の人のテレアポを録音したものを聞いてもらっています。ある程度の経験を積んだアポインターであっても、新しい案件に取り組む時には、誰かがやったテレアポを聞いてもらいます（録音することは、その人自身のテレアポの振り返りや上達にも役立ちます）。

この作業によって自分のテレアポの方向性を決めて、その方向に進んで行くようにしています。

「そうすると、皆が先輩のテレアポと同じやり方になってしまい、弊害がある」と言う人もいますが、まず基本を作って、その後に自分なりのやり方を工夫すればいいのです。

録音だけでなく、実際にテレアポをしている人の横に座って聞いてもらうケースもあります。録音を聞くだけでも十分に効果がありますが、ライブを聞くことには、また違った力があります。

その場の臨場感だったり、1件1件の一連の流れや動作——リストで電話番号を確認して、番号を押して、相手が出るまでのコール音、相手が出てからのしゃべり、スクリプトを見ながらの話し方など、実践動作を見ながら学ぶことは数多くあります。

ライブで学ぶことの一番の利点は、**その場で質問できること**です。

今はどうしてその切り返しをしたのか？

もう少し攻めてもよかったのでは？

なぜ、今は攻めなかったのか？

そうした、テレアポの実践の場でないと聞けないことや、その時でないと回答できないことはたくさんあります。

アポが取れている人には、それなりの理由があります。

その理由の理屈の部分は後で理解するとして、まず同じように真似てみることです。

真似る行為を経てこそ、見えてくるものがあります。

！人のテレアポをライブで聞くと、多くの収穫がある

うまくなったと思ったら要注意

テレアポをしていて本当によくあるのが、アポが取れていた人が急に取れなくなる、または、昨日は取れたのに今日は取れないといった、アポ数にムラが出ることです。

取れない理由はさまざまですが、一度うまくなった後に取れなくなる人には、ある共通点があります。

それは、**基本を忘れて対応が雑になっている**ことが原因の場合が多いのです。

人間は、ある程度デキるようになると、気持ちが大きくなるものです。アポが取れない時は、基本に忠実に、相手の言葉に真剣に耳を傾けて対応していたものが、アポが取れはじめると、真剣さが薄れてしまいます。

「デキる私は、そんなことをしなくてもアポが取れる」

「今のケースは、相手が私の話をきちんと聞かないからいけない」

「このリストは質が悪い」

「この商品自体が悪い」

こんな風に、不調の理由を自分に求めるのではなく、外的要因に転嫁するようになります。

アポが取れるようになったことで、天狗になったとでも言えばよいのでしょうか。


そんな時に忘れてはいけないのは、**この電話は、相手にとっては最初の電話だ**ということです。

テレアポとは、まったく接点のない人に電話をすることです。何度か接点を持った人であれば、言わなくても伝わる部分や省いてもいい部分が、ある程度はあるでしょう。しかし、**これまで接点がまったくない人には、最初からこと細かに説明して、一所懸命に対応しなければ伝わりません**。

ですので、常に基本に忠実に真剣にやらないといけないのです。

これは、どんなにテレアポがうまくなっても変えてはいけない部分です。


アポが取れなくなった人のトークを聞いていると、

「わかりました」

「失礼しました」

このような簡単な言葉で終わる傾向があります。応酬話法で切り返すこともなく、淡白に電話を終えがちなのです。

この根底にあるのは、

「私には力があるから、長くしゃべらなくてもアポは取れる」

「今のケースは相手が悪い」

こうした慢心した態度です。結果、努力しないでアポが取れる人に当たるのを待つようになります。


テレアポとは失敗の数のほうが多い作業です。

そのことを常に念頭に置いて、失敗のケースでも手を抜かないできちんと対応していないと、よい球がきた時にしっかりとバットを振ることができなくなります。

失敗の理由を転嫁するようになったら、慢心の証

どんな役でもできる俳優のように演じてみる

私は映画やドラマを見るのが大好きです。特にシリアスな内容のものが好きで、俳優さんの演技に脱帽することがしばしばあります。

ある映画で温厚な役を演じていた人が、別の映画では凶悪な犯罪者の役を演じている。こんな場面を見ると、この人の頭の中はどんな構造をしているのかと知りたくなります。

そうした**〝演技〟は、実はテレアポにも必要な要素**です。

すでに述べたように、テレアポは顔の見えないコミュニケーションなので、演じていても相手の人にはわかりません。

そこでたとえば、**相手に応じて意識的に演じ方を変えてみる**のも、テレアポ上達のひとつのトレーニング方法です。

電話の相手が年配の方だと想定できる場合には、上からものを言っては怒られます。年配の方は、多少ものを知らなくても、若くて元気のいい人を好む傾向があります。特にビジネスにおいては、ものを教えることや、自分の過去の実績を聞かれることに喜びを感じる人が多いように思います（私の今までのビジネス経験からこのように考えますが、違っている部分もあるかとは思います）。

こういう想定のもとに、私は「元気な若者」を演じます。若くて元気のある声で、「ぜひ、いろいろと教えて欲しい」と伝えるのです。

私は現在47歳ですが、若い人の元気な声を演じて出すことができます。と言っても、そう難しいことではありません。誰だって、躍動感のあるハキハキしたしゃべり方をすることは可能なはずです。

電話では年齢はわかりませんから、声の感じから若く聞こえるようにすることは、そう難しくはありません。

これはほんの一例ですが、自分のテレアポのやり方を何パターンか持っておくことをお勧めします。基本的なやり方をマスターした上で、それとは違うやり方をいくつか作っておくのです。

演じることも、そのひとつです。

いろいろなスクリプトを作ることも、そのひとつです。

なぜ、いくつかのパターンが必要かと言うと、基本形が通用しない場合があるからです。そんな時でも、別パターンを持っていれば戦えます。


別パターンの具体的な内容については、5章成功するテレアポの「スクリプト」で述べますが、長くテレアポをやっているといろいろなことが起こります。

それらに対応するには、優秀な俳優のような演技の幅＝テレアポの幅が必要です。

テレアポ上達には、相手に合わせる演技力がいる

自分のゾーンを持つ

「ゾーン」とは、アスリートがよく使う言葉です。

スポーツの大会で尋常ではない集中力を発揮して、負け寸前のところから連続して得点し、危機を脱して勝利を勝ち取ったアスリートが、大会後のインタビューで、

「いやあ、あの時は無我夢中で集中していました。あまり覚えていませんが、ゾーンに入っていたのかもしれません」

こんなことを言ったりします。


練習に練習を重ねていると、体が勝手に反応して自然に勝てることがあります。

テレアポをしている時にも同様のことがあります。

「今日は何だかスゴい。なぜか連続してアポが取れる」

「この業界だと、気持ちよくスゴい数のアポが取れる」

「このエリアだと、スムーズにアポが取れる」


こういった神がかりのような経験は私にもあります。当社のアポインターにも起こります。コンサルティングに行った企業の人にも起こります。


これは理屈ではありません。日々の練習や努力で起こるものです。

そして、このゾーンに近い状態を意図的に作り出せれば、アポには苦労はしないはずです。


それには、どうすればいいのか？

それは、**よい結果が出た時に「記録」を取る**ことです。

その日のスクリプト、自分の気分、どんなリストだったか、その日の天候など、何でもいいので、「その時」について書き留めます。そして、その内容を時々読み返すのです。アポが取れない時は、その記録から復活のヒントが得られるかもしれません。そして、ゾーンをつかむ、ある一定の条件が見つかるかもしれません。

人間は忘れる生き物ですから、よかったことも、悪かったことも、時が経てば忘れてしまうものです。

しかし、よかったことを忘れてしまっては、もったいないので、記録を取りましょう。**記録は未来の自分への手紙**です。**未来の困った時のために書いておくもの**です。

優秀なキャディーさんは、膨大な記録を頭の中やデータとして残していると言います。

「ここからグリーンを狙うには何番アインアンを使えばいいのか？」

「今日の風ならどのクラブならば届くか？」

そうした選択肢を、蓄積した膨大なデータと経験から、プレイヤーに適切にアドバイスします。優秀なゴルファーの影には必ず優秀なキャディーがいるはずです。

テレアポは基本的に個人の作業ですが、「過去の記録」という優秀なキャディーを作っておくことで、助かったり、スランプから脱することが多々あります。

よい結果が出た記録が、未来の自分を救う

システムを導入して効率を上げる

テレアポにとって、アポ率を上げることも必要ですが、**一連の流れ全体の効率を上げることも重要**です。**アポ率が一定なら、件数を多く掛けたほうがアポ数が多くなるから**です。

では、件数をもっと上げるにはどうしたらいいか？

データ管理はどうすればいいのか？

規模の大きい会社でテレアポをしている人は、各種のコンピュータ・システムが導入されていて問題はないかと思います。しかし、私の会社を含め、システムを導入する予算がない会社もたくさんあるかと思います。

当社がシステムを導入することができたのは平成24年と、つい最近のことです。効率アップのために、これまで何度もシステム導入を考えたものの、いつも金額がネックとなって断念せざるを得ませんでした。多くのコールセンターで利用されているＣＴＩ（Computer Telephony Integration）を導入するには、最低でも３００万円かかります。

これは零細企業である当社にとって、気軽に出せる金額ではありません。しかし、今は**クラウドサービスという安く使えるシステム**があります。

クラウドサービスとは、今まで会社や自分のＰＣに導入して利用していたソフトウェアやデータ等を、インターネット上で必要に応じて利用者に提供するサービスのことを言います（ちなみに、「クラウド」とは「雲」という意味です）。

実は、この本を書くのもクラウドサービスの恩恵を受けています。iPhone と iPad で Evernote と Dropbox を使って書いています。移動時間の電車の中で、自宅で、会社でと、ネットに繋がる環境があれば、どこでも原稿が書けます。

以前は画板に紙を挟んで持ち歩いて、時間のある時に書いていましたが、この場合、手書きの文字を入力しなければならないのが問題です。これには結構な手間と時間が掛かるもので、社員に頼んで入力してもらったこともあります。

今はクラウドサービスを利用することで、その手間が省け、時間も節約できるようになりました。次ページ以降で、テレアポにも使えるクラウドシステムをご紹介します。

！ コンピュータ・システムを利用すれば、多くの件数を手掛けられる

い場合には、「停止」「一時停止」ボタンで対応できます。これで、ごくわずかな時間かもしれませんが、電話番号を押す時間が短縮できます。電話番号の押し間違えも発生しません。また、相手が出ない場合には自動的に次の電話番号に掛けてくれるので、無駄がありません。

\メリット❷/ スクリプトのガイド機能で、誰でも同じレベルでテレアポができる

Cyzo には「テレアシスト機能」というものがあって、スクリプトを画面に表示することができます。電話の主旨を説明し、「面談可」「面談不可」を選択します。「面談可」を押すと日程の設定のスクリプトが、「面談不可」を押すと応酬話法が出てきます。応酬話法から再度「面談可」「面談不可」を選択すると、それぞれのその後の流れが表示されます。つまり、各ボタンを押してガイド通りに進めば、誰でも一定のレベルでしゃべることができるのです。もちろんスクリプトは、商品・サービスに合わせて簡単に変更できます。

sakura の場合、スクリプトの表示とともに「質問内容」を設定・表示することができます。この機能はインサイドセールスの時に活用します。たとえば、前回の電話で担当者から予算を組む時期を聞いたとします。その時期に再コール設定をしておいて、「以前に予算を組む時期をお聞きしました」と電話で言えば、これまで何度か連絡を取っていて、適切なタイミングで電話を掛けているということをアピールできます。また、これまでの質問と回答が一覧できるので、「今日の電話では質問項目の埋まっていない部分を確認しよう」といった使い方も可能です。

\メリット❸/ 録音機能を使ってメモを取らずに電話に集中する

Cyzo には録音機能があります。録音機能をうまく使うと、業務効率がグンと上がります。当社のテレアポ代行業務では、システム導入以前は、テレアポをしている時のメモをずっと残していました。なぜ

テレアポ職人

竹野が使うテレアポ・システム

●Telephony Tablet　Cyzo

Cyzo は iPad のアプリです。一般的なＣＴＩの機能を網羅した、アウトバウンド、インバウンドの両方に使えるシステムで、アウトバウンドではリストに基づいて自動で電話が可能です。また、画面にスクリプトが表示されるので、スクリプトを見ながら話すこともできます。録音機能もあるので、業務の効率化・上達のためにトークをチェックすることが可能です。

株式会社 エヌジェーケー ☎03-5722-5766　http://cyzo.net/

●テレマーケティングシステム sakura

sakura は Salesforce を利用したシステムです。リストの管理業務に優れていて、電話の内容をその場で入力することができます。再コール設定や検索機能も充実していて、電話の管理業務の効率化には最適です。当社ではこのシステムを導入して１日のコール件数が192件から327件と約1.5倍になりました。エクセルのリストから脱却したことで、テレアポ代行業務では電話件数を増やすとともに、業務を効率化できました。

株式会社アースリンク

☎042-355-8025　http://www.earthlink.co.jp/sakura_1/

メリット❶　番号を押す時間、相手に繋がる時間の短縮

テレアポは１日に何件の電話が掛けられるかという件数によって、利益が出るかどうか決まります。Cyzo にはオートダイヤル機能というものがあり、あらかじめリストを取り込んでおいて開始ボタンを押すと自動的に電話をしてくれます。さらに、相手の人と繋がったかどうかが画面に表示されます。ペースが速すぎたり、何か記録を取りた

いました。しかし、それだけやっても忘れることがあります。ちなみに、私がテレアポを受けた場合には、「今忙しいから４日後に電話して」などと言ってみますが、その日、あるいは数日後に電話が掛かってくることはほぼありません。掛かってくるとしたら数ヶ月後です。これはどういうことか？　断られたと判断した、指定された日が出勤日ではなく引き継ぎができていなかった、単純に忘れた――こんなことが要因かと思います。数ヶ月後に掛かってくるのは、「４日後に電話して」という記録を取っておらず、リストの順番が回ってきたから電話を掛けた、といったところでしょう。そうしたミスは、sakuraの再コール日の設定で解決できます。電話が終わった段階で記録するだけなので、手間がかかりません。再コール予定日だけを抽出して検索すれば、その日にすべき再コールを確認できます。

メリット❻　システム上の記録によって時間短縮とペーパーレス化

システム導入前は、エクセルのリストの小さいスペースに、結果を手で書き込み、それをエクセルに入力し直して、数を集計してクライアントに報告していました。書き間違い、転記のミスが多く、入力とチェックのために遅くまで残業していたのが、システム導入によって削減されました。リストに書き込む作業が減ったことで、電話１件にかかる時間も短縮しました。さらにヘッドセットを使えば両手が空くので、電話しながらシステムに入力し、ワンクリックで次のリストに移動できます。

もうひとつ解消できるのが、紙の資料の管理と置き場です。1000件のリストをＡ４に印刷すると、20枚くらいになります。当社では、相手が不在の場合には３回まで電話をするというルールでやっているため、保管する紙は結構な量になります。今は電話の記録はsakuraを使ってシステム上に保管しているので、紙が格段に減りました。

かと言うと、アポが取れた場合は正式な用紙にアポの日程、担当者名、電話番号、住所等を書いて、クライアントに報告するのですが、時々間違いがあるわけです。間違いの発生源はさまざまですが、メモを書く時に間違ってしまう、またはメモを取らなかった、どこに書いたかわからなくなった――こんな時、録音機能があれば、聞き直すことができます。また、自分のトークを後から聞いて、テレアポの上達に活用するのもお勧めです。

メリット❹ オートコールでリサーチを行なう

ここではCyzoのオートコール機能について説明します。

オートコールとは、前述のオートダイヤルと違い、録音した音声やデジタルで作った声を自動で発信するものです。選挙のアンケート等で使用されているので、聞いたことがある人もいるかと思います。また、この機能は個人宅向けのテレアポを行なっている企業の方はよくご存じかと思います。個人宅にはさまざまな業界が攻勢をかけているので、アポをとるのは容易ではありません。そこで、オートコール機能を活用して多くの電話を掛けて、まずは見込みのある人を探します。そして、質問形式の流れを作り、場合によっては相手の人が興味を持ちそうな小冊子を作って応募してもらう、その応募者に通常のテレアポの電話をしたり、ニュースレター、メルマガを送る、さらには展示会やセミナーを開催してそこに参加してもらう――こういった流れの設計が必要です。こういうオートコールがCyzoで安くできます。ただし、膨大な件数を掛ける場合は、電話回線数やCyzoが使えるiPadの数も考えなければなりません。

メリット❺ 再コール日を忘れない再コール設定

「また、○日に電話して」と言われた時、当社では、ホワイトボードに書き、ファイルに付箋を貼り、前日の準備や当日の流れで確認して

この章では、私がセミナーや書籍で紹介している「テレアポをする上での3つのポイント」について述べたいと思います。3つのポイントとは、①「ゆっくりしゃべる」、②「目的を伝える」、③「質問をする」です。くわしく説明すると時間が足りなくなるので、セミナーではわかりやすくまとめていますが、実は、この3つのポイントには“裏側”があります。今回はその“裏側”について、はじめて語ります。

4章

テレアポの
3つのポイント

3つのポイント①
「ゆっくりしゃべる」の裏側を初公開

テレアポの3つのポイントのひとつ目は、「ゆっくりしゃべる」ということです。

セミナーでは、「他の多くのアポインターが早口でまくし立てるので、差別化という意味で、ゆっくりしゃべるようにしましょう」と言っていました。

以前は、本当に早口のアポインターが多かったように思います。

しかし、テレアポのノウハウ本がたくさん出てきたことで、「ゆっくりしゃべる」が浸透し、アポインターの皆さんがゆっくりしゃべるようになりました。そのため、これだけでは差別化できなくなってきています。

そもそも私はなぜ、「ゆっくりしゃべってください」と言っていたのか？

それは、**相手との距離感を計る**ためです。

知らない人と良好な関係が築けるかどうかは、ファーストコンタクトのほんの数秒で決まります。出だしで一方的にまくし立てると、それだけで相手に嫌がられて、終わってしまいます。

そうならないためのわかりやすい方法が「ゆっくりしゃべる」だったのです。

まずは相手との距離感を計ることが重要です。

自分の言いたいことを話し終わるまで、相手にしゃべらせない人がいます。また、相手が何かを言いたそうにしていても、無視してしゃべり続ける人がいます。そしてテレアポの最初の役割を、とりあえず用件を伝えることと思っている人がいます。

これらは、すべて間違いです。

爆発しそうな時限爆弾を相手に投げるように、自分の言いたいことだけをしゃべってはいけません。

テレアポで最初にやらなければならないのは、**相手の人と良好な関係を築くこと**です。良好な関係を築くためには、ゆっくりしゃべることが必要です。

しかし、いつもゆっくりである必要はありません。相手の人が忙しそうだったら、少し速くしゃべってもいいのです。

ゆっくりしゃべるべきか、速くしゃべるべきか、相手の雰囲気が好意的かどうかを耳で聞き分けるためには、まず、こちらが落ち着いた状態でいること、焦っていないことが必要になります。

相手と良好な距離感を作れるかどうかは、最初の数秒が勝負です。

ガチャ切り（こちらが何か言った瞬間に電話を切られてしまうこと）がなぜ起こるかといえば、相手が過去にイヤな経験をしているからです。

「ある業界が、何度もしつこく電話をしてきた」
「ある商品で、何度もしつこく電話をしてきた」
「ある会社が、何度もしつこく電話をしてきた」
こうしたイヤな記憶が残っているので、電話を切るのです。

人はほんの数秒で「この電話を継続するかどうか」を判断しますから、最初の数秒を支配できるかどうかは、とても重要です。その重要な時に、自分の言いたいことだけを言ってしまっては、その後はありません。

もし、相手の人が何か言いたそうだったら、話をさせるべきです。自分の話を止めて、相手がしゃべるのを待つべきです。

！どうすればファーストコンタクトの数秒を支配できるか

では、その最初の数秒を、どのようにすればコントロールできるでしょうか。しゃべり方・しゃべるスピード・しゃべる内容を、録音するなどして、徹底して作り込んでください。そして、その内容を相手に合わせて臨機応変に変えてください。

テレアポに慣れていない人は、まずゆっくりしゃべることからスタートして、その上で自分の電話の雰囲気ややり方を考えてみましょう。

初心者と上級者ではやり方が違います。

ただし、目指す方向は一緒です。

最初の数秒で良好な距離感を作れるかどうかです。

3つのポイント②
「目的を伝える」の裏側を初公開

テレアポの3つのポイントの二番目は、「目的を伝える」です。

私がセミナーで紹介しているのは、次のようなことです。

「多くのテレアポでは、会社名・名前を最初に名乗り、電話の目的は後回しになっているので、キャッチコピーを作って、まず電話の目的を一番にしゃべりましょう」

このポイントにも〝裏側〟があります。

ビジネスマナーでは、電話の最初に会社名と自分の名前を言うことになっています。暗黙のルールなので、これを破る人はなく、皆さんも同じように、第一声では会社名と自分の名前を伝えているかと思います。

ここに私は疑問を持ちました。

「会社名と自分の名前を言う必要があるのか？」と。

起業家・個人事業主のための
絶対に選ばれる！「ビジネス・プロフィール」のつくり方

福田　剛大著

ブランディングに、集客に、売上アップに――仕事を呼び込む、ビジネス・プロフィールの考え方と書き方を公開。“自分がこれまで生きてきた道”を上手にアピールすることで、どんどん仕事が舞い込んでくるようになる！　本体 1,400 円

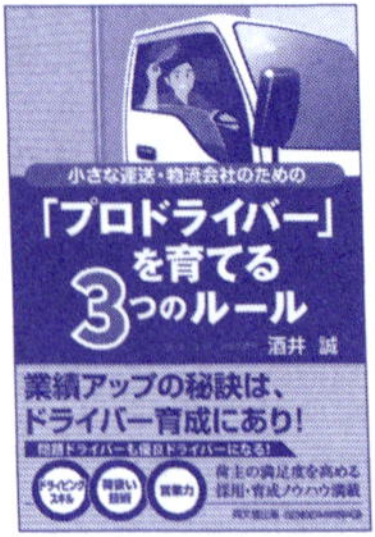

小さな運送・物流会社のための
「プロドライバー」を育てる３つのルール

酒井　誠著

業績アップの秘訣は、ドライバー育成にあり！「プロドライバー」を育てることができれば、小さな運送会社でも十分大手に勝つことができる。運送・物流・通販・小売――トラックドライバーを活用したい会社に必須のノウハウ　本体 1,600 円

ビジュアル図解
洗浄と殺菌のはなし

新名　史典編著／隈下　祐一・加藤　信一著

洗浄・殺菌は正しく行なわないと、食中毒事故や感染につながってしまう。細菌・ウィルスの知識から感染のプロセス、適正で確実な予防の方法をビジュアルに解説。「洗浄・殺菌」についての正しい知識をわかりやすく伝える　本体 1,800 円

DO BOOKS 公式ブログ http://do-books.net

…のための
「不動心」の鍛え方
…力をつくる「マインドフルネス」の実践法を解説
…雄著
本体1400円

…製造リードタイム短縮の上手な進め方
…ドタイム短縮・仕掛品在庫削減を実現する方法
…嵐 瞭著
本体2100円

…入3年を過ぎたら読む
…ネリな自分を変える本
…や人の評価に翻弄されずに…高めていくヒント
本体1400円
…内 亨著

独学で確実に突破する!
「行政書士試験」…法
独学で合格を勝ち取る方法
本体1500円

普通の人が、…働き…「買いたい」を引き出す!
太田 孝…お客力」を強化する5つのステップ
…を伸ばし、3カ月で売れる販売員に育てる!
お客…砂江著
本体1400円

…問型営業で断られずにクロージング
営業は「質問」で決まる!
ただ質問するだけで、お客様自身が「買いたく」なる!
青木 毅著
本体1400円

採用・面接で
「採ってはいけない人」の見きわめ方
自社にとっての「問題社員」を見きわめるノウハウを解説
松下 直子著
本体1500円

「カウンセラー」になって月収100万円稼ぐ法
クライアントが途絶えない成功カウンセラーになろう!
北林 絵美里著
本体1400円

「ハズレチラシ」のトコトン活用法から「大当たりチラシ」のつくり方まで
実践! チラシ集客法100
お金をかけずにチラシを徹底的に使いきるノウハウのすべて!
稲原 聖也著
本体1700円

最新版 これが「繁盛立地」だ!
店舗を成功に導く「立地選び」のやり方・考え方
林原 安徳著
本体1700円

ビジュアル図解 物流センターのしくみ
経済・流通活動にとって欠かせない物流センターの知識を解説
臼井 秀彰編著/田中 彰夫著
本体1800円

ビジュアル図解 物流のしくみ
幅広い業種と結びついている「物流」の全体像を解説
青木 正一著
本体1700円

売れるチラシづくりのすべて
チラシづくりの戦略からデザインの基本までを完全網羅
加納 裕泰著
本体1600円

「1回きりのお客様」を「100回客」に育てなさい!
90日でリピート率を7倍にアップさせる超・実践ノウハウ
高田 靖久著
本体1400円

「0円販促」を成功させる5つの法則
「最小の経費」で「最大の集客」を実現する販促戦略とは?
米満 和彦著
本体1400円

スタッフが育ち、売上がアップする
繁盛店の「ほめる」仕組み
どんなお店でもすぐに使える「ほめる仕組み」を大公開!
西村 貴好著
本体1400円

たとえば、私の会社は「有限会社リンクアップスタッフ」と言いますが、これを言ったところで、何をやっている会社かはわかりません。

電話の相手は、自分の知っている会社か、知らない会社かによって、対応を変えます。知っている会社は既存のお客様や取引先なので、フレンドリーに対応するでしょう。知らない会社は、まず、問い合わせか、売り込みの営業電話かに分類します。そして、問い合わせにはきちんと対応します。しかし、営業電話にはきちんとした対応はしません。さらに言うなら、一瞬、問い合わせの電話と思ったものが営業電話だったりすると、非常にがっかりします。この気持ちの落差を起こさせないようにすることを考えなければいけません。

当社は、テレアポ代行業だけでなく、リゾートホテルの社員食堂の運営もしている関係上、求人広告を頻繁に出します。広告を出した後、1本目の電話が広告会社からだったりすると、がっかりします。

この時、私の声や対応はあからさまに変わっているはずです。応募の電話だと思って出た電話が、営業電話だったからです（広告会社の人は、いつ電話を掛けるべきか、参考にしてください)。

そうした経験から、最初に会社名と自分の名前を言うことにしばられる必要はない、と考えるようになりました。

もうひとつ、気づいたことがあります。

DMやチラシ、ウェブサイトでは、一番目立つ上部にキャッチコピーが書いてあると思います。伝えたいことを短い言葉で表現しています。

たとえば、期間限定の特別料金のお知らせなら、一番上に書くのは、「○日までの期間限定特別価格!! DVDプレヤーが○○円(通常価格より20%オフ)」こういう訴求したい内容のはずです。ここに会社名や住所・電話番号は書かないでしょう。

理由は簡単です。読む人の目線とは、まず一番上に行きます。その内容によって、読み続けるかどうかを決めるのです。

テレアポも、何かを売るという点では同じです。

変に〝電話のルール〟にしばられるよりも、「いかに相手に伝えるか?」を中心に考えたほうがいいのです。

後で売り込みとわかってがっかりされるよりも、最初から売り込みと主張して伝えるべきです。他人の気持ちは、こちらでは変えられません。

「最初に売り込みと伝えると、対応してもらえない」と心配するかもしれませんが、後でわかっても、結果は同じです。

ダメなものは、ダメなのです。

そこに費やす無駄な時間のことを考えましょう！

時間は、話を聞いてくれる人に費やすほうがいいはずです。

理想を追って時間を無駄にするよりも、効果のある方向へ向かうこと、これも今回の本でお伝えしたい点です。

早く目的を伝えたほうが、時間の節約になる

3つのポイント③
「質問をする」の裏側を初公開

テレアポの3つのポイントの三番目は、「質問をする」です。

セミナーでは、「テレアポは電話する側が一方的にしゃべっていて、相手が話すタイミングがありませんので、相手がしゃべれるように質問をすることが必要です」、こんな風に言っています。

コミュニケーションは、相互にやりとりすることが重要ですが、テレアポでは、アポを取りたいがために、つい一方的に話しがちです。一方的に話しまくってクロージングをしようとするので、「NO」と断られるのです。

テレアポの会話では、

電話の主旨の説明→簡単な質問で投げかけ→相手の反応によって切り返し→クロージング

このような組み立てが必要です。

しかし、通常のテレアポは、

電話の主旨の説明→クロージング→反論を潰す→クロージング

こんな流れになっていて、相手が口をはさむ余地がありません。

テレアポ初心者の中には、質問ができない人がいます。その理由は簡単で、「相手に何か聞かれたら、答えられない」、そう思って、怖くて質問できないケースが多いようですが、慣れてくれば、相手に何か言われたとしても切り返せるようになります。

電話の主旨の説明の後は、まず質問をして、その回答によって、その後の対応を決めることが重要です。

質問を投げかけることによって、相手の真意がわかります。

相手が納得していない時にクロージングをしても、断られるのは当然です。

ですから、**クロージングをする前に相手に質問をして、相手の状況や真意を確認する**必要があるのです（質問力や展開力については、６章で詳しく述べます）。

質問をしてみた結果、まだクロージングのタイミングでなかったら、無理にクロージングをしないことです。もしくは、どんなにがんばって切り返しても無駄なことがわかったら、自分から降りることです。

すべての人に会えるわけではありません。

ダメな人は存在します。

しかし、多くのアポインターは、「アポが取れる見込みがない人」にもクロージングをしようとします。

なぜ、そんな無駄なことをするのかというと、相手の状況や真意がわかっていないからです。質問をして状況がわかれば、対応策が取れるかもしれないのに、多くの人はやみくもにクロージングをかけようとします。

アポが取れないことがわかっている人に対するクロージングや切り返しは、時間の無駄です。適切な質問をして、適切な人にクロージングができれば、時間を効果的に使えます。


テレアポとは、特別な行為ではなく、人と人とのコミュニケーションのひとつです。コミュニケーションは一方通行ではダメです。お互いに同じくらい話してこそ、コミュニケーションが取れたと言えます。

人は一方的に話されるのを嫌います。この「一方的な話」でクロージングに持っていこうとする姿勢が、アポが取れない理由でもあります。

そこで、相手に話してもらうためにも質問をしますが、それはたとえば、こんな内容です。

「今は他社を使っているかどうか？」

「○○に興味はあるか？」

こんな簡単な質問から、相手が乗り気だと見えたら、少し掘り下げた質問をします。

「今期の予算はあるのか？」

「一度、デモを見てもらえないか？」

こういう投げかけで、会えるかどうかを探ります。

もし相手が乗り気でなかったら、

「資料を送ってよいか？」

「セミナーがあるが、案内を送ってもよいか？」

こんな投げかけで、まったく興味がないのか、あるいは突破口があるのかを確認します。


質問によって、いろいろな方向性が見えてくるのです。

質問は、相手に話してもらうこと、真意を知ることが目的である

テレアポを行なっている人の中には、「スクリプトなんて必要ない。その場でいかに対応するがかテレアポだ」という考え方の人もいるかと思います。人それぞれの考え方があるので、それを否定はしません。ただ、テレアポの成功率を統計的に見ようとするなら、同じことをしゃべって、その結果を確認していく必要があります。そうなると、「スクリプト」という基準が必要になるのです。

郵便はがき

料金受取人払郵便

神田支店
承認
8188

差出有効期間
平成26年8月
31日まで

101-8796

511

(受取人)
東京都千代田区
神田神保町1－41

同文舘出版株式会社
愛読者係行

毎度ご愛読をいただき厚く御礼申し上げます。お客様より収集させていただいた個人情報は、出版企画の参考にさせていただきます。厳重に管理し、お客様の承諾を得た範囲を超えて使用いたしません。

図書目録希望　有　無

フリガナ お名前		性別 男・女	年齢 才
ご住所	〒 TEL　(　)　Eメール		
ご職業	1.会社員　2.団体職員　3.公務員　4.自営　5.自由業　6.教師　7.学生　8.主婦　9.その他(　)		
勤務先分類	1.建設　2.製造　3.小売　4.銀行・各種金融　5.証券　6.保険　7.不動産　8.運輸・倉庫　9.情報・通信　10.サービス　11.官公庁　12.農林水産　13.その他(　)		
職種	1.労務　2.人事　3.庶務　4.秘書　5.経理　6.調査　7.企画　8.技術　9.生産管理　10.製造　11.宣伝　12.営業販売　13.その他(　)		

愛読者カード

書名

◆ お買上げいただいた日　　　　年　　月　　日頃

◆ お買上げいただいた書店名　（　　　　　　　　　　）

◆ よく読まれる新聞・雑誌　（　　　　　　　　　　）

◆ 本書をなにでお知りになりましたか。

1．新聞・雑誌の広告・書評で　（紙・誌名　　　　　　　　）

2．書店で見て　3．会社・学校のテキスト　4．人のすすめで

5．図書目録を見て　6．その他（　　　　　　　　　　）

◆ 本書に対するご意見

◆ ご感想

●内容	良い	普通	不満	その他（　　　）
●価格	安い	普通	高い	その他（　　　）
●装丁	良い	普通	悪い	その他（　　　）

◆ どんなテーマの出版をご希望ですか

＜書籍のご注文について＞

直接小社にご注文の方はお電話にてお申し込みください。宅急便の代金着払いにて発送いたします。書籍代金が、税込1,500円以上の場合は書籍代と送料210円、税込1,500円未満の場合はさらに手数料300円をあわせて商品到着時に宅配業者へお支払いください。

同文舘出版　営業部　TEL：03－3294－1801

5章

成功するテレアポの「スクリプト」

スクリプトの基本、30秒ルール

まず、スクリプトを作成する上で、最も基本的で重要な「30秒ルール」についてお伝えします。30秒ルールとは、**主旨を伝える冒頭部分が30秒以内に収まるようにスクリプトを作成する**という考え方です。

なぜ、30秒なのか？

これは、人間が一方的な情報提供に耐えられる時間を表わしています。

電話の向こうの人は、30秒くらいはこちらの言うことを黙って聞いていてくれます。しかし、**30秒以内できちんと主旨を伝え終わらないと、相手は電話を切ることを考えはじめます**。

たとえば、テレビＣＭは15秒か30秒でできています。これ以上長いと、見るほうが飽きてしまうからです。そういうわけで、ＣＭには「短い時間で商品のアピールポイントをどうやって伝えるか」のノウハウが凝縮されています。

ハンバーガーのマクドナルドでは、「ＥＮＪＯＹ60秒サービス」というキャンペーンを行なっていました。

注文を受けてから60秒以内に商品を提供できない場合に、無料券を差し上げます、というキャンペーンです。

話題作りという目的もあるでしょうが、「人が待てる時間には限界がある」ということが、このサービスからもわかるかと思います。

特にテレアポの場合は、会ったこともない人に、こちらの主旨を電話で伝えないといけません。これはとても難しいことです。

短いキャッチコピーを作って、最初の名乗りの部分で端的に伝える。それが30秒という時間なのです。

その具体的なノウハウを、これから述べていきたいと思います。

人が黙って聞いていられる時間が30秒

相手のメリットを考えてオファー・目的を絞る

スクリプトで最も考えなくてはいけないのが、オファー・目的（打ち出し）です。新商品の案内なのか、セミナーのお知らせなのか、資料送付の許可なのか、ひとつに絞って明確にしなければなりません。

たとえば、アポを取る目的でテレアポをして、もしアポが取れなかったら資料送付、こういう流れで進めるケースがあるかと思います。

以前はこれでもよかったのですが、アポが取りづらくなりつつある現状では、別のやり方のほうがいい場合もあります。

初回のアプローチではアポを取ろうとせず、資料送付や担当者名の把握に徹する。そして、そこからニュースレターやメルマガを電話と連動させることで、成約に持っていく流れを作る――こんなやり方です。

こうした、資料送付後に電話・ニュースレターで啓蒙して売上を上げていくやり方（くわしくは7章で述べます）をするなら、初回の電話は資料送付という目的に特化したほうがいいのです。

「アポが取れなかったら資料送付」とするより、「はじめから資料送付を目的に電話を掛けたほうが、電話の件数が多くなるからです。

多くの人は、「営業マンと会うのはイヤだけど情報は欲しい」と思っていますから、情報提供に徹するのはひとつの手です。「二兎を追う者は一兎をも得ず」というように、一度の電話で「アポ取り」と「資料送付」を同時に狙うと、どちらも逃しかねません。

また、もうひとつ考えていただきたいのは、**相手にとって会うメリットは何か**ということです。

何らかのメリットがあれば、人は会います。逆にメリットがなければ会ってくれません。極端なことを言うと、「会えば商品券がもらえる」のなら、会ってくれる確率は高まるでしょう。しかし、こうしたことは現実的な方法ではありません。

多くのアポインターは、他社の商品と大きな差がないために、商品のよさをうまく伝えられずに苦しんでいると思います。

そこでお勧めしたいのが、**商品・サービスの案内というオファー以外の伝え方**を考えてみることです。

「この商品は相手にどのようなメリットをもたらすのか？」

「この商品を導入すると、何が変わるのか？」

「実際に導入したお客様の事例から言葉にできる内容がないか？」

といったことです。

たとえば、コンピュータ・システムを導入したことで効率が50％アップしたなら、

「**電話のクラウドシステムの導入により、電話の件数が154％になった○○をご紹介しています**」

このような具体性のあるスクリプトのほうが伝わると思います。

よくありがちなのが、次のようなスクリプトです。

「リンクアップスタッフの竹野と申しますが、現在、人材派遣のご案内をしておりまして、ぜひ一度お会いしていただきたいのですが……」

このスクリプトでは、「なぜ会わないといけないのか？」「何が他の会社と違うのか？」「そのサービスを使うとどうなるのか？」といったことがわからないので、受け手の会うという行動に繋がりません。

アポを取るのが難しい時代ですから、これまでのスクリプトを根本から見直さなければいけません。そのためには、

「出だしのオファー・目的を何にするか？」

「取りづらくても、あえてアポを取りにいくのか？」

「受け入れてもらいやすい資料送付からではダメなのか？」

こうしたことを考えてみましょう。無料のモニター、1ヶ月無料のトライアル、といった方法も考えられるかと思います。

アポ以外の受け入れられやすいやり方で、まず接点を持つということを、皆さんの事情に合わせて考えてみてください。

！ どうしたら抵抗なく話が進められるか、を考える

競争を勝ち抜くキャッチコピーを考える

私がテレアポのスクリプトにキャッチコピーを取り入れることを考えたのは、他のテレアポと差別化するためです。さらに、106ページ「3つのポイント②」で述べたように、「問い合わせか営業電話かが明確でないために、営業電話だとわかったとたんにがっかりする」ことへの対策でもあります。

つまり、キャッチコピーで**何の電話かを最初に明確にする**のです。

もうひとつ、前述しましたが、チラシやウェブサイトにはキャッチコピーがあるのに、テレアポだけが会社名と名前を名乗るという、旧来の決まりを打ち破る目的もあります。

キャッチコピーは、簡単な言葉で相手に印象的に伝える手法です。

あのAKB48のメンバーにも、挨拶の時に言うキャッチコピーがあります。

「み〜んなの視線をいただきまゆゆ〜。○歳のまゆゆこと渡辺麻友です」

「目で負かし、心で伝える変幻自在のエンターティナー。大島優子です」

「魅惑のポーカーフェース。篠田麻里子です」

これらは正確にはキャッチフレーズですが、数多いメンバーの中からいかに覚えてもらうか、テレビ出演の時には、お茶の間へいかにアピールするか、そのために、短いフレーズを全力でシャウトしていると思います。AKB48ともなると、あれだけ多くのメンバーがいるので、その戦いはスゴイものがあるのでしょう。「総選挙」という順位が明確になる仕組みもあるので、その中で売れていくのは本当に大変だと思います。


テレアポも、競合他社のアポインターと戦っています。し烈な戦いの中で、悠長に名前を名乗っている場合ではないでしょう。**オファーやキャッチコピーで目立ち、よい意味で、「ん？　何だそれ」と思わせないといけません。**


具体的なスクリプトとして、当社ではよく**数字**を使います。

「6・5倍の集客ができた○○広告」

「コストが2割削減できた○○システム」

「導入後の継続率96％の○○」

このように、数字を入れると具体的でイメージしやすくなります。

特に、電話のコミュニケーションは基本的に伝わりづらいものなので、イメージできるように数字を使うのは効果的です。


他にもいろいろと考えられます。

「○○業界専門の□□」

「○○メーカー様向けの□□」

「○○出資（グループ）の□□」

「○○（デザイン・低価格）にこだわった□□を行なっています」

「○○向けの□□の予防・対策を行なっています」

「売上がアップしてリピーターができる○○」

「結果が出る○○を行なっております」

商品の特長が明確でなくても、「相手にどういう言葉なら伝わるか」を、頭に汗をかいて考えに考え、ひねり出してください。

オヤッと相手の興味を引く言葉は何か

答えやすい質問をする

質問をする――その意味は4章でお伝えしたので割愛しますが、これはスクリプトに必ず入れていただきたい要素です。

一方的にしゃべっていると、相手の人が飽きてきます。

相手とコミュニケーションを取るためには質問が必要です。

その質問ですが、スクリプトに入れることを考えると、基本的に、相手の人が答えやすい質問を投げかける必要があります。

具体的には、「YES／NO」「やっている／やっていない」など、**AかBかを簡単に答えられる「クローズドクエスチョン」がお勧め**です。

たとえば、

「人材派遣会社をお使いですか？」

「今月はセミナーには参加されますか?」

「医療保険には加入されていますか?」

このように、簡単に答えられる質問法です。


「クローズドクエスチョン」の反対の質問法として、「オープンクエスチョン」があります。

「この意見についてどう思いますか?」というように、回答範囲が広い聞き方です。

もちろん、一般的な会話では「オープンクエスチョン」も有効ですが、相手をコントロールしづらいので、テレアポにおいては効果的とは言えません。

スクリプトに入れる際には、簡単な質問を意識してください。


「質問」については、6章でもう一度くわしく述べます。

質問はクローズドクエスチョンがお勧め

競合他社が多い場合のスクリプト

セミナーで多く寄せられる質問のひとつに、「競合他社がたくさんテレアポをしていて差別化できない」、または「特長が似たり寄ったりで差別化できない」といったものがあります。

「テレアポのやり方を工夫しましょう」と今まで述べてきましたが、「言っていることはわかるけど、実際にはできない」と思う人も多いことでしょう。

では、どうするか?

当社の事例をご紹介しましょう。

以前、ある業界のテレアポを請け負いました。商材は広告です。

この業界は、ほとんどの会社がテレアポでガンガンに新規開拓を行なっていて、なおかつ、広告なのでそれほど差別化できない、という状況です。

実際にテレアポをはじめてみると、〝ガチャ切り〟の嵐です。「広告」と言った瞬間に切られます。こんな時、私の会社では各アポインターが臨機応変にスクリプトを変えたり、話し方を工夫したりしますが、一向にアポは取れません。

約300件電話したところで、アポが0件なので私が介入しました。アポインターのトークを横で聞き、さらにはクライアントに業界の状況を尋ねてみました。

この2つの確認でわかったのは、各社がテレアポをやり過ぎて、お客様がイヤになっているということです。

その結果、私が作ったスクリプトは、

「**5・2倍の集客効果があった◯◯広告を行なっていますA社の竹野と申しますが、こういう話は間に合ってますよね**（困ってないですよね・必要ないですよね）」

このスクリプトに変えて1件目でアポが取れました。その後、約50件に電話して3件のアポが取れました。

1件目の人からは、

「何だよ、間に合ってるって。そんなこと言う奴は今までいなかったよ。面白い奴だね。正直に言うと、間に合ってるというわけではないよ。お客さんは集めたいよ」

こんなことを言われました。

どうして私がこういうスクリプトに変えたのか？

それは、当社のアポインターも競合他社の電話も、「買ってくれ、会ってくれ」の連発だったからです。〝押せ押せ〟の攻めまくるようなテレアポを長年受けると、新規開拓に困っていたとしても、困ったとは言わなくなります。

下手に会うと、その後の営業も〝押せ押せ〟になると予測されるからです。

私の例はひとつのケースに過ぎません。中には根本的にテレアポは無理という状況もあるかと思います。しかし、やり方を変えればまだアポが取れることもあるということです。テレアポ以外でも同じだと思いますが、多数の人と同じ方向に行ったほうがいい場合と、逆に行ったほうがいい場合があります。競合他社が根性でテレアポをしているのなら、こちらは頭を使って別のやり方を探すべきです。

変化を恐れないことです。ダメな時には大胆に変えることです。

！ 競合他社と違う道を選ぶことで、開けることもある

スクリプト通りに話す練習をする

テレアポの練習方法に関しては、3章でもお伝えしました。ここでは、新しいスクリプトを作成した時のポイントを述べたいと思います。

まずは作ったスクリプト通りにしゃべってみてください。慣れてきたら、または伝わらない時は修正を加えますが、まずは作ったスクリプトを忠実に守ります。

これは「基本を作る」ということを意味しています。基本なくして応用はありません。作ったスクリプトを信じてその通りにしゃべってみてください。

テレアポに慣れくると、新しいスクリプトでも、練習なしで使いはじめる人がいますが、これは間違いです。**テレアポには慣れていたとしても、新しいスクリプトにはまだ慣れていません。はじめての言葉はしゃべり慣れておらず、口についていていません。**

私も、当社のアポインターも、新しいスクリプトができた時は、ひとりでブツブツとしゃべっています。最初はただしゃべるだけ、次に「ひとりロープレ」と言って、相手のしゃべる部分も想定して練習します。はじめにこのように練習することは大切です。

それが、いつしか練習をしなくなります。慣れたから練習をしなくてもいい、こんな風に考える人がいます。しかし、スポーツ選手で練習をしない人はいません。

プロ野球選手だった松井秀喜さんが、長嶋茂雄さんと一緒に国民栄誉賞を受賞した時、子弟関係を表わすエピソードとして、「素振り」が話題になりました。

新人時代からひたすら素振りを繰り返し、試合直前に素振りで汗だくになっている松井さんと長嶋さんの姿も目撃されているそうです。そして、ニューヨークヤンキースに移籍してからも、電話で素振りの音を長嶋さんに聞かせたそうです。

野球では素振りは基礎中の基礎だと思います。あれだけの記録を残した松井さんでも、基礎練習を怠っていないのですから、テレアポでも練習が必要なのは、言うまでもないことです。

! テレアポに慣れている人でも練習は不可欠

スクリプトから離れることを厭わない

先ほど「スクリプトに忠実に」と言っておきながら、ここでは「スクリプトから離れることを厭わない」と、矛盾したことを言っているように思われるかもしれません。

ここで、私が言いたいのは、**アポが取れ続けるスクリプトは継続し、アポが取れていないスクリプトは止める、**ということです。

テレアポのコンサルティングに伺うと、非常に古いスクリプトを使っていて、なかなかそこから離れようとしない企業に出会うことがあります。

「昔はこのスクリプトで取れた」「このスクリプトに慣れている」

離れないのはこんな理由だと思いますが、これはとても危険です。

ダメな時には変わらなければなりません。

しかし、なかなか変われない人がいます。

私はよく「臨機応変に対応してください」と言います。アポインターにも「自分で考えて行動をするように」と言っています。

テレアポの大まかな流れやポイントは教えますが、すべてのケースを教えられるわけではありません。現場の対応力が、アポ率を大きく左右します。

競合他社が多い場合に、「間に合ってますよね」と聞くようにしたのは、まさに対応力に基づく考え方です。

スクリプトに縛られていると、アポ率は確実に下がる

基本は大切なので、新人アポインターはまず基本を学ぶことからはじめるべきですが、その基本だけでは対応できない場面にも遭遇します。

テレアポのコンサルティングを手掛けた企業の中には、私が作ったスクリプトを変える勇気がない人がいますが、「ドンドン壊してください」と言っています。作っては壊して、また作っては壊す——よいものを作るために必要なプロセスだと思います。

基本を学んだ後は、そこからいかに離れるか。基準は、相手によって変えることです。基本で戦える相手とそうでない相手、戦う相手によって変えることです。

基本がしっかりできていれば、応用もすぐに可能です。

スクリプトがないと、どうなるか？

スクリプトがある会社とない会社の違いは何なのでしょうか？

私はスクリプトの有無に、その会社のテレアポに対する姿勢が端的に現われていると思います。

長年、テレアポのコンサルティングや相談を受けてきた経験から言えば、テレアポの方向性を明確にしていない会社の多くは、スクリプトがありません。リストもこちらで探さなければなりません。

こうした会社では、何から何までこちらでやるようになってしまいます。

「自主性」と言えば聞こえはいいかもしれませんが、**これだけ変化が激しい時代に、企業として新規開拓やテレアポの方向性を明確にしていなければ、競合他社に勝てないと思います。**

リストやスクリプトをしっかり準備し、場合によってはお金を使ってでも用意して立ち向かわなければ、今は勝てないのです。

勝ち抜くための武器のひとつがスクリプトです。

競合他社のスクリプト、アポが取れている人のスクリプト、よいキャッチコピー、よいフレーズなど、スクリプト作りのポイントはたくさんあります。

ひとつの会社でも、使っているスクリプトは人によって違うと思うので、会社として集約して、ある程度の方向性を示すべきです。

また、スクリプトがない会社は、テレアポの統計を取っていないことが多いようです。それもそのはずで、スクリプトがなく、一人ひとりが毎回違うことを言っている場合、統計を取ることができません。

同じスクリプトをしゃべっていると、効果測定ができます。リスト数に対しての通話率、資料送付率、アポ率、成約率など……チェックしなければいけない比率はたくさんあります。結果は数字で表わさないといけません。数字に置き換えないと、客観的に使えないからです。

「何となくアポが取れた、何だかわからないけど成約した」

！同じスクリプトの統計を取れば、成功を再現できる

これではいつまで経っても再現性がありません。

新規開拓やテレアポは、成功パターンを見つけ、どうすれば再現できるかを探ることで、以降の成約率はグッと違ってきます。

毎回毎回、やり方を模索していたら疲れてしまいます。

再現性があるやり方のひとつが、スクリプトです。

ぜひ、スクリプトをデータとして保存し、書き換えや修正ができるようにしてみてください。

俳優の台本のように「赤字」を入れて修正する

スクリプトは、作った段階ではただの〝文字の羅列〟に過ぎません。

練習してきちんとしゃべれるようになって、その後に実際にテレアポをしてみると、作ったスクリプトではうまく伝わらないことがあります。

その場合には修正していくわけですが、**データを書き換えるより、元のスクリプトに自分で赤字を入れて修正していくことをお勧めします**。

あまりに綺麗なスクリプトでは、アポは取れません。ボロボロでも、自分なりの修正や書き足したスクリプトのほうが、アポを生み出します。

当社のアポインターの多くは、ボロボロのスクリプトを使っています。最初からボロボロだったのではなく、テレアポをしている中で書き足したり修正したりした結果、ボロボロになるのです。

なかにはコーヒーのシミがついている場合もあります（私もそういうことがあります）。

俳優の織田裕二さんの台本は、赤ペンでいろいろと書き込まれているそうです。

SMAPの香取慎吾さんと共演した時に、香取さんの台本がまっさらで何も書かれていないのを見て、「赤ペン買え」と言ったエピソードがあるほどです。

やはり、よい演技をするには、台本を読み込んだ上で、演技の背景や感情表現の仕方を考えて、自分のやり方を書き込む必要があるのでしょう。

頭の中に入れておけばいい、と言われるかもしれませんが、大抵の人は忘れてしまいます。

人間の記憶についての実験結果である、「エビングハウスの忘却曲線」をご存じでしょうか。人は記憶した後に、

- 20分後には42%を忘却し、58%を保持していた。
- 1時間後には56%を忘却し、44%を保持していた。
- 1日後には74%を忘却し、26%を保持していた。
- 1週間後（7日間後）には77%を忘却し、23%を保持していた。
- 1ヶ月後（30日間後）には79%を忘却し、21%を保持していた。

こうした結果が出ています。エビングハウスの忘却曲線とは、ドイツの心理学者、ヘルマン・エビングハウスが実験から導き出した、人間の記憶時間を表わしたものです。

このように、人間は忘れる生き物なのです。
だからこそ、**書いて記録に残すという作業**が必要になります。
ここで、実際のスクリプトの修正例を披露しましょう。

●スクリプトの修正例

前「現在、御社のほうでは分譲住宅は行なっていますか？」
後「現在、御社のほうでは建売の売買等は行なっていますか？」
＊相手への伝わりやすさを考えて、「分譲住宅」を「建売の売買」に変えました。業界によっては、相手の方が通常使っている言い方に変えたほうがいい場合があります。

前「法人向けの保険には、もう入られているかと思いますが」
後「今回は法人向けなんですが、もうすでに保険のほうはご利用されていると思うんですけど」
＊「もう入られている」という言葉を、「もうすでに保険のほうはご利用されている」としました。少し長くなるものの、相手の受けがよかったので変えました。

前「先日、資料を送付させていただきました」
後「先日、黄色い封筒で、○○に関する5項目の質問が書いてある資料を送付させていただきました」
＊「資料を送付しました」だけでは、「何の資料？」となってしまうので、思い出してもらえるように、封筒の色から、資料の内容まで伝えるようにしました。

前「私、○○の企画・設営を行なっております○○社の」
後「私、○○の総合プロデュースを行なっております○○社の」
＊「企画・設営」が言いづらかったので、「総合プロデュース」に変えました。

前「私、販促で御社の成約率アップのお手伝いを行なっております」
後「私、販促で成約率アップのお手伝いを行なっております」
＊「御社の」が言いづらかったので、削除しました。

前「また、新しいマーケティング手法でもあります」
後「また、売上やリピーターを増やす効果のある手法でもあります」

＊「新しいマーケティング手法」では具体性に欠けるので、どのような効果があるのかを示しました。

前「〇〇のコスト削減のご案内です」
後「〇〇を維持しながら□□を削減できるという手法のご案内です」
＊こちらも「コスト削減」だけでは曖昧なので、より具体的にしてみました。

以上のように、修正する際には、「言い回しは適切か」「より伝わるように」「具体的に」とさまざまな観点でチェックしますが、基本は、**相手にとって、より伝わるように**考えて直しています。

実際のスクリプトでは、原文の上に斜線を引いたり、赤字を加えたりして修正しています。変更箇所がひと目でわかることで、どこをより強調すればいいのか、どの部分を丁寧に話せばいいのかが一目瞭然にわかるからです。

！原文に赤字を入れれば、強調点がわかる

スクリプトのひな形

本章の内容をまとめた「ひな形」です。状況に合わせてご活用ください。

「私、○○【キャッチコピー】を行なっています、A社の○○と申しますが、□□のご担当者様はいらっしゃいますでしょうか?」

→担当者が電話に出る。少しゆっくりと、相手の呼吸を感じながら

「突然にすいません。私、○○【キャッチコピー】を行なっています、A社の○○と申しますが、少々お時間をいただけますでしょうか。

現在、○○【案内する商品・サービスのポイントその①】のご案内をしております。

弊社は○○【導入件数や有名な他社の利用状況等、イメージしやすい内容】いただいております。○○【コスト削減・売上アップ・優秀さなどの導入効果】が可能なので、皆さまに非常に喜ばれております」 **趣旨の説明**

「○○は行なっていますか?」 **簡単な質問**

YESの場合「そうですか。実は弊社は○○【案内する商品・サービスのポイントその②】に特化しておりまして、独自のノウハウを持っております。当社がいいかどうか、少しの時間お話をさせていただければ、ご判断いただけると思います」

NOの場合「そうですか。実は弊社は○○【案内する商品・サービスのポイントその②】に、独自のノウハウを持っております。御社にとって役に立つ話かどうか、一度お会いさせていただいてお話をさせていただきたいのですが」**反応によって切り返し**

YESの場合「ありがとうございます。つきましては、○日の○時と○日の○時のどちらがご都合がよろしいでしょうか？」**クロージング**

NOの場合「そうですか【いったん相手のNOを受ける。YES-BUT方式】。実は多くの方が最初はそうおっしゃるのですが、お話を聞いていただくと、『なるほど』とおっしゃっていただけます。ただ、○○様が『なるほど』とおっしゃっていただけるか、お話を聞いていただかないとわかりません。ご判断は○○様にお任せいたします。ぜひ、一度お話を聞いてご判断ください。つきましては、○日の○時と○日の○時のどちらがご都合がよろしいでしょうか？」

反応によって切り返し

↓日時を決め、再度、会社名・訪問する人の名前・電話番号を伝える

「お会いできるのを楽しみにしています」

人材派遣のスクリプト例

「私、リゾートホテル専門の人材派遣を行なっております、リンクアップの竹野と申しますが、人事・総務の方はいらっしゃいますでしょうか？」

↓担当者が電話に出る。少しゆっくりと、相手の呼吸を感じながら

「突然にすいません。私、リゾートホテル専門の人材派遣を行なっております、リンクアップの竹野と申しますが、少々お時間をいただけますでしょうか。

現在、ホテル・旅館の皆さまに人材派遣のご案内を差し上げております。

当社は派遣業をホテル・旅館さまに特化して行なっておりまして、御社の近くのAホテルさまでも10年ご利用いただいておりまして、ホテル・旅館の皆さまに非常に喜ばれております」

「現在、人材派遣はお使いですか?」

YESの場合「そうですか。実は当社は先ほども申し上げましたが、ホテル・旅館の皆さまに特化しておりまして、独自のノウハウを持っております。

たとえば、留学希望でお金を貯めたいという離職率の低い若い人材や、夏の忙しい時期やスキーシーズンのみの人材も可能です。

すでに人材派遣をお使いでしたら、当社がいいかどうか、少しの時間お話をさせていただければ、ご判断いただけると思います」

NOの場合「そうですか。実は当社は先ほども申し上げましたが、ホテル・旅館の皆さまに特化しておりまして、独自のノウハウを持っております。

たとえば、御社では集めにくい夏の忙しい時期のみや、スキーシーズンのみの人材も可能です。
御社にとって役に立つ話かどうか、一度お会いさせていただいてお話をさせていただきたいのですが」

YESの場合「ありがとうございます。つきましては、○日の○時と○日の○時のどちらがご都合がよろしいでしょうか？」

NOの場合「そうですか。実は多くの方が最初はそうおっしゃるのですが、お話を聞いていただくと、『なるほど』とおっしゃっていただけます。ただ、○○様が『なるほど』とおっしゃっていただけるか、お話を聞いていただかないとわかりません。ご判断は○○様にお任せいたします。ぜひ、一度お話を聞いてご判断ください。
つきましては、○日の○時と○日の○時のどちらがご都合がよろしいでしょうか？」

↓日時を決め、再度、会社名・名前・電話番号を伝える

「お会いできるのを楽しみにしています」

スクリプトの構成

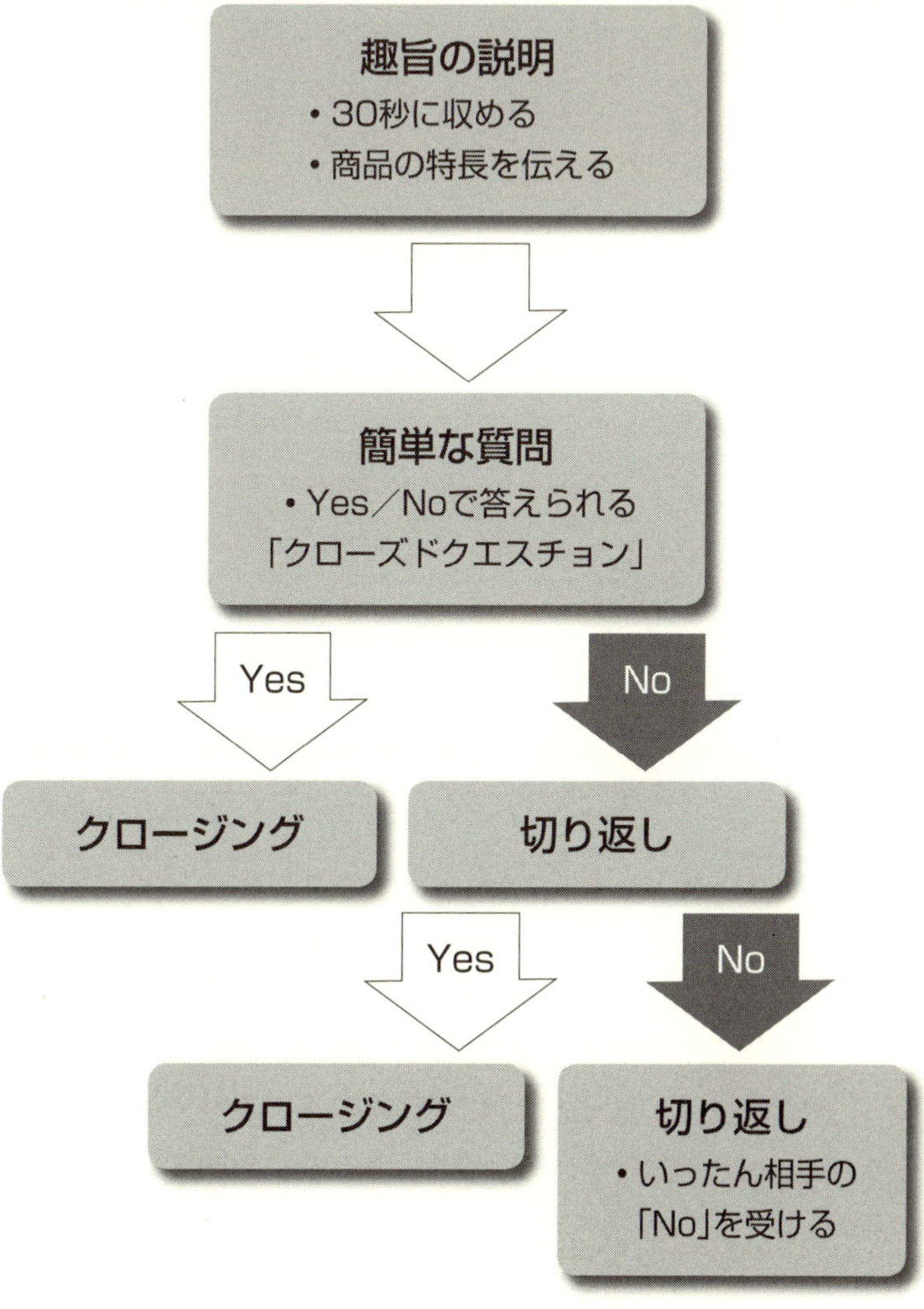
趣旨の説明
・30秒に収める
・商品の特長を伝える
簡単な質問
・Yes／Noで答えられる
「クローズドクエスチョン」
Yes
No
クロージング
切り返し
Yes
No
クロージング
切り返し
・いったん相手の
「No」を受ける

テレアポでは、クロージングをしたからといって、簡単にアポが取れるものではありません。そこで応酬話法が必要になります。もし、応酬話法をまったくしなければ、アポはほとんど取れないでしょう。

営業行為においては、「会ってください→はい、わかりました」とはなりません。会うことを簡単に承諾してしまうと、売るほうは“売る気満々”できます。これでは、情報だけ欲しいと思っていた場合や、思っていた商品と違うといった場合、断りづらくなってしまいます。こういった心理を理解しながら応酬話法を展開しなければなりません。

6章

成功するテレアポの「応酬話法」

応酬話法は相手の真意を確認するためのもの

応酬話法に関して最も多い勘違いは、「断られた場合の説得トーク」だと思っていることです。断っている人に対して応酬話法を使って言い負かしても意味はありませんし、説得することもできません。

私の考える応酬話法とは、**相手の真意を確認するためのもの**です。

本章の冒頭でも述べましたが、テレアポは営業行為なので、「会ってください」「はい、わかりました」とはなりません。

相手の人は、仮に興味を持っていたとしても、「興味がある」とは言いません。そう言ってしまうと、シャカリキになって売り込んでくるとわかっているからです。

アポインターにしてみれば、「興味がある」と言われることはめったにありませんから、そうした人に出会ったら、「見込み度特A」として上司に報告するでしょう。しかし、相手の方にとっては、「『興味がある』と言うことで、電話がきたり、訪問されたりしたら、どうやって断ろう」と不安に思うだけです。

このような相手の心理を理解した上で、テレアポをしなければいけません。

ただし、断られたからといって、簡単に引き下がってもいけません。

それがテレアポの難しいところなのですが、応酬話法を使って相手の真意を確認すれば、電話はスムーズに進みます。


クロージングをする→断られる→応酬話法で真意を確認する→再度断られたら終了

こういう流れで応酬話法を使うと、一度断られても、相手の言うことが変わったり、断りの強さが弱まったら、そこから話を展開してアポに持っていくこともできます。

人ははじめから本心を言うものではありません。ですので、**一度目の断りを信用しないで、二度目の回答で判断するべき**です。本当に断りたい場合には、二度、同じことを言います。

人の言葉には裏があるものです。特にテレアポでは裏を読みながら対応策を考えなければなりません。

! 本心で断っている人は説得できない

応酬話法をしないテレアポが多い

当社には、テレアポ会社ならではのルールがあります。

それは、電話はすべて私、竹野恵介が出るというものです。私が会社にいる時は、すべての電話をいち早く取ります。

これには意味があって、**「世の中の電話やテレアポは、どんな話をしているのか」を自分自身で確認している**のです。

私自身が電話に出ることで、

「今はこの業界のテレアポが多い」

「この言い方はいいから真似しよう」

「この人のしゃべり方、うまいなぁ。ポイントはここかな」

こんな、世の中のトレンドや、よいテレアポを学ぶことができます。

反対に、

「この業界のテレアポは多過ぎるよ、どうにかならないかな」

「このスクリプトはダメだな、何を言っているかわからない」

「この人は新人？　話す内容がまったくまとまっていない」

こういうダメな点も学べます。


さらに私が観察していることがあります。それは、**断った場合にどんな応酬話法をしてくるか**です。


少し意地が悪いかもしれませんが、私は簡単に会うとは言いません。

「資料を送って欲しい」

「今忙しいから、明日電話して」

「何を言いたいのか、さっぱりわからない」

「それはB社と何が違うの？」

こんなことを言って、相手がどう切り返してくるかを試します。しかし、残念ながら、切り返してくる人はあまりいません。資料すら送ってくる人はいません。

おそらく、相手の心理状態を推し量ることや応酬話法の必要性を教えてもらっておらず、

応酬話法の必要性を理解しよう

自分でも学んでいないからだと思います。

私の会社に掛かってくるテレアポは、とても淡白か、「会ってくれ、会ってくれ」の連発が多く、もう少し、相手の心理を考えたやり方をすればいいのに、といつも思います。

力技のテレアポは、今の世の中には受け入れてもらえません。

応酬話法を何でやるのか、どうやるのか、この部分を考える必要があります。

なぜ、お客様は断る“フリ”をするのか

そもそも、お客様はなぜ断るのでしょうか?

理由はいろいろとあるかと思います。

テレアポとは、必要としていない人にも電話を掛けているのですから、そういう人が「必要ない」と断るのは、当たり前でしょう。

テレアポとは不思議なもので、会ったこともない人に突然に電話をするという、冷静に考えると非常識な行為かもしれません。

子供の頃、「知らない人にはついて行ってはいけません」と親から言われなかったでしょうか。

これは子供の時の話ですが、大人になっても、「知らない人」という部分は変わりません。

知らない人を手放しで信用することはできない――これが電話を受ける側の心理だと思

います。

「電話という、顔の見えないツールで『会ってください』と言われても……」「知らない人間からの電話を信用できない」「会った売りつけられる」、こんな風に思うのが普通でしょう。

仮に、話の内容に興味を持ったとしても、その本心は簡単には晒しません。こういう人は、まず断る〝フリ〟をします。はっきり断ると情報すら聞けないので、断りはしないが、会いもしない。こんな状態を作ります。

我々アポインターは、こんな相手の〝フリ〟を見逃してはいけません。

応酬話法をうまく使って相手の真意を聞き出すことが必要です。

会ったことのない人間が会うに値するか、いろいろと試されているのです。

相手の言葉の裏側を、応酬話法で確認してください。

簡単には晒してくれない本心を探るのが応酬話法

質問力・展開力がアポを生む

今回のこの本の中で一番理解していただきたいのは、**質問力・展開力がアポを生む**という点です。今のこの時点では、たくさんのアポが取れるかどうかのキモは、質問力・展開力にあると思っています。

では、質問力・展開力とは何なのか？

この章では応酬話法について述べています。「応酬話法を使わないと、お客様の真意がわからない」と言ってきました。

しかし、応酬話法を使ってもアポにならないケースはあります。

●「他社を使っている」と言われた場合

「他社を使っている」と言われたら、

「他社を使っているのなら、ぜひ、比較という意味で一度お話を聞いていただけないでしょうか」

通常、こんな応酬話法で切り返すと思います。

これに対しての相手の回答が、「いやぁ、他社使っているから無理だよ」なら、二度同じことを言っているわけですから、これが相手の真意です。

そうなると、これ以上切り返すのは難しいかもしれません。

しかし、質問力・展開力のある人は、さらにこんな切り返しが可能です。

「そうですか、他社さんとの関係性が強いのですね。ちなみに、どちらをお使いですか？」

相手の人が「B社」と教えてくれたとすると、

「ありがとうございます。B社さんですね。たしかB社さんは価格が処理件数で変わるような仕組みではなかったですか？」

●相手の人が「そうだ」と回答した場合

「そうですよね。なぜお聞きしたかというと、実は最近導入していただいた会社が、B社から乗り換えていただいたのですが、その理由が弊社の場合は処理件数ではなく契約数で

の金額なので、シミュレーションすると、弊社のほうが安かったんですよ」

質問力と展開力でこんな流れに持ち込めます。

これは、「**どちらをお使いですか?**」と質問したことからはじまっています。「他社を使っている」と言われて諦めていたら、このような流れにはならないでしょう。

また、質問力・展開力があると、違う土俵で戦うことができます。

相手は「他社を使っている」という回答で心のシャッターを閉めてしまっているので、「他社を使っている・使っていない」という部分で戦い続けても勝てません。

ですので、他社を使っていることを受け止めてから、会話を展開し、別のポイントがないか探す必要があります。

これが、質問力・展開力なのです。落とせるポイントを探す力です。

5章で、「競合他社が多い場合のスクリプト」を紹介しました（127ページ）。

そこで最初に「間に合ってますよね（必要ないですよね・困ってないですよね）」と質問しているのは、ここで述べている質問力・展開力から考えた流れです。

「会ってくれ、買ってくれ」とただ押しても、アポは取れません。「押してダメなら引いてみな」と言いますが、テレアポの場合は、「押してもダメなら聞いてみな」です。

5章の例では、競合他社のように押せ押せではなく、一歩引いて、お客様に尋ねるように話を持っていったのです。

そして、お客様の事例を出すようにしています。

商品・サービスのよさを説明する際、直接的な表現をするよりも、お客様の事例で話したほうが伝わります。

「お客様の事例で話す」とは、心理学で言えば、「第三者の影響力を使う」に当たります。

人間の欲求の中で、他人の動向が気になるのは、「親和・集団帰属の欲求」です。たとえば、洋服の流行は集団帰属心理の現われです。「他人と同じがいい」という心理です。

この心理に基づいて、「ある方はいいと言ってくれた」「同じような地域・職業・年代の方に喜んでいただいた」というようなトークを入れて、興味を持たせる方法をテレアポで使っています。

もう少し、質問力・展開力の例を述べましょう。

●「予算がない」と言われた場合

「今すぐでなく、将来的なお話として、一度お話を聞いていただけないでしょうか」

通常、こんな応酬話法で切り返すと思います。

そして、相手の回答が、「いやぁ、無理だよ」だったら、これも相手が二度同じことを言っているので、これが相手の真意です。

これ以上切り返すのは難しいのかもしれません。

しかし、質問力・展開力のある人は、さらにこんな切り返しが可能です。

「**そうですか、予算がないというのは今期の予算ですか？**」

相手の人が「そうだ」と答えてくれたとすると、

「**ありがとうございます。予算は何月から何月までですか？**」

「毎年4月がスタート月だよ」という回答なら、

「**そうですか、4月がスタートだとすると、来期の予算や商品選定は年明けくらいからで**

しょうか？」

これで相手の人が「そうだ」と言った場合、次回はいつから仕掛ければいいのかがわかります。これをここで聞いておかないと、次回電話をした時には、もう予算組みが終わっているということになりかねません。

次にいつ電話するか、ここを聞き出すのも重要なことです。

ここで挙げたのは、ほんの一部分の例と考え方ですが、質問力・展開力を磨くと、いろいろ応用できるようになります。

結果として攻めの糸口が見つかって、アポ数・成約数が増えるのです。

！ 二度断られても、もう一歩踏み込む

3度以上切り返さないとアポが取れない時は要注意

この章では応酬話法について述べていますが、応酬話法に対する認識を間違ってしまうと、〝しつこいテレアポ〟になってしまいます。

応酬話法を何度か「テクニック」として使ってしまうと、しつこいテレアポになりがちです。これまで述べたように、応酬話法は「相手の真意を確かめる」ために使うべきです。

私の失敗談をお話ししましょう。

2章でも述べましたが、時々、取ったアポがクレームになることがあります。私があるクライアントのテレアポを行なった時のことです。

電話を掛けてアポを取る、いたって通常の流れでテレアポを行なっていました。

そんな中、ある人と電話が繋がりました。普通に話をして主旨を理解していただき、クロージングをします。

ここもまた特別なことはなく、相手は「会わない」と抵抗してきます。しかし、応酬話法を使って切り返した結果、無事にアポに繋がりました。

それからクライアントに報告メールをしたところ、クライアントから電話が掛かってきました。

「さっきアポを取った会社からメールがきましたよ」と。

「会うと言ったが、しつこく言われたので断れなかった。二度と電話をしないでくれ」、こんな内容です。

私としては、しつこくした覚えはありません。思い返すと、切り返しが多かったかなと思う程度です。

しかし、これが現実で、しゃべることに自信がある人は、自分のトークを過信します。相手が気の弱い人だったりすると、反論しないのをいいことに、説得できたと思ってアポを取る場合があります。

もちろん、すぐに引きさがってはアポが取れません。

しかし、何度も応酬話法や切り返しをして取ったアポ、または、そうしないとアポが取れない場合は注意が必要です。

こちらではそうは思っていない場合でも、受け手は違う受け止め方をしている場合があります。

私はこの一件で、**受け手の感じ方は、いろいろある**ということを実感しました。

私もまだまだ未熟者です。

ですので、目安として3回以上の切り返しを行なった場合は、本当に会う気持ちがあるのかどうか、再確認が必要かもしれません。

ただし、慎重になり過ぎると弱いテレアポになってしまうので、多少のリスクは取らなければならないのも事実です。

自分で「ここまで押す、ここからは引く」という基準を持ってテレアポをするのがいいと思いますが、今一度、その基準をチェックしてみてください。

！応酬話法も繰り返すとクレームの原因になる

心理学の応用「フット・イン・ザ・ドア」

「『話を聞いていただくだけでいいですから』と営業マンに誘われて、ついつい承知してしまい、結局、必要のないものを買ってしまった経験はないだろうか。

これはフット・イン・ザ・ドア（ドアのなかに一歩踏み込む）法といわれる有名な説得テクニックなのだ」

心理学者の渋谷昌三氏が雑誌でこのように述べています（「PRESIDENT」２００５年８月１日号）。

では、心理学でよく使われる「フット・イン・ザ・ドア」を、テレアポの応酬話法として利用すると、どうなるでしょうか？

相手の人がなかなか会うことを承諾してくれない場合に、

「今回はお会いさせていただくだけでよいですから」

と言うのです。

会うことをなかなか承諾してくれないのは、その先に「買う／買わない」が待ち受けているアポだからです。そこでまず「会うだけ」と限定して、それをいったん承諾してもらうのです。

「フット・イン・ザ・ドア」は「段階的説得法」とも言われます。まず、簡単な依頼を承諾してもらい、その後に本来の依頼をするというやり方です。

人間は自分の行動に一貫性を持たせようとする傾向があるそうです。

ですから、まず簡単な依頼を承諾してもらうのです。この場合なら「会うだけ」ですが、実際に会った場合は、きちんと商談をさせていただくことになります。

こうしたことは、普段、皆さんも意識せずにやっていることだと思います。しかし、人間の心理をわかった上で実践すると、効果が違うと思います。

参考までに、当社のアポ率と資料送付率を紹介しましょう。

平均アポ率は約6％で、資料送付率は約25％です。これも「フット・イン・ザ・ドア」が当てはまる部分と言えるでしょう。

会うのは難しいが、資料送付なら承諾してくれる。

資料送付のほうが、接触できる人の数は多くなります。

成約するためには、絶対数が多いほうが確率は高くなります。

しかし、多くの人は成約にならなかったとしても、アポを望みます。アポを取って面談したほうが、仕事をしたという実感があるからだと思います。


そうした考え方を変えて、資料送付から成約に結びつける流れを作ればいいと思います。

資料送付から、電話、ニュースレター、メルマガ等、複数のツールを複合的に合わせると成約になる流れを作ることができます。


また後でくわしく述べますが、アポは成約までの通過点です。

新規開拓の手法はテレアポがすべてではありません、今の時代、テレアポを〝うまく使って〟成約に持っていくべきです。

接触できる人の数が増えれば、成約率も上がる

心理学の応用「ドア・イン・ザ・フェイス」

「『ドア・イン・ザ・フェイス』
　譲歩的説得法とも呼ばれるが、わざと無理な依頼をして一度断らせたあとに、本命の依頼をする」
　心理学者の渋谷昌三氏がこのように述べています（「PRESIDENT」２００５年８月１日号）。
「フット・イン・ザ・ドア」と同様に、「ドア・イン・ザ・フェイス」も心理学ではよく使われます。

　たとえば、日時の交渉でなかなか折り合いがつかない時に、

「**すいません。今からお伺いさせていただくということではどうでしょうか？**」

　このように言うと、急な面談は難しいので断られますが、その後に提示した日程は承諾

してもらえる可能性が高くなります。

「大から小へ」という順番に原則があります。

無理なことを依頼して断らせてから、本当に承諾してもらいたい依頼を出す。

前述の「フット・イン・ザ・ドア」とは逆になります。


人は依頼を断ることに、心理的な負担を感じるものです。

一度断るのも負担で、二度断るのはさらに負担が増すので、二度目の依頼は承諾してしまう。人にはこんな傾向があります。

交渉術として覚えておくと、役に立つでしょう。


メジャーリーガーの松坂大輔選手が、日本からアメリカに移籍する時に、交渉期限のギリギリになって契約締結したことがありました。

この時、松坂選手の代理人が提示した希望の報酬も高額だったようですが、報酬以外にも奥さんや子供の環境を考えた細かな要求があったと聞きます。

この要求は、当時のレッドソックスとしては丸飲みできる内容ではなく、交渉が長期にわたった原因にもなったそうです。

それでも最終的には契約を結べたわけですから、代理人も落としどころは心得ていたはずです。

報酬の交渉は、低いところから高く上がることはありませんから、この場合は「ドア・イン・ザ・フェイス」が適切です。

「フット・イン・ザ・ドア」

「ドア・イン・ザ・フェイス」

どちらの心理学も、テレアポの応酬話法に応用可能だと思います。ぜひ、いろいろな場面で使ってみてください。

無理な依頼から可能な依頼――も交渉術のひとつ

この章が最終章です。

まとめとして、再度、テレアポを論じてみます。

ここまで述べてきた内容を踏まえて、今後のテレアポの向かう方向性についても述べたいと思います。

7章

テレアポとは一体何だ!?

覚えておきたい「○△×の法則」

私の前著『はじめてのテレアポ成功ブック』でも述べていますが、テレアポを行なう上で頭に入れておいていただきたいのが、「○△×の法則」です。

人間の行動は、いくつかのパターンに分類できます。

たとえば、「この意見をどう思いますか」と尋ねると、賛成する人／どちらでもない人／反対する人

この3つに分かれます。

○（賛成）、△（どちらでもない）、×（反対）のいずれかに分かれることがわかっていれば、それぞれの人への対応策を事前に考えることができます。

○△×をテレアポに当てはめると、
アポが取れる人＝○
どっちつかずの人＝△
アポが取れない人＝×
となります。

では、分けてどうするのか？　それこそが「○△×の法則」のキモになりますが、テレアポでは「×の人」、つまり**アポが取れない人を捨てる**ことが重要です。

一般的な営業では、お客様の断りをひとつずつ潰していって成約に至る、といった流れもあるかと思います。しかし、**テレアポでは断ることがわかっている人を説得しようとしても無駄**です。なぜなら、**電話を切られたらそこで終わってしまうから**です。

とはいえ、「×の人」のように思える人の中には「△の人」もいれば、「○の人」もいるのです。

これが、テレアポ特有の問題です。テレアポの場合は、相手の表情が見えないので、「本心かどうかがわからない」のです。

面談で相手の表情が見えれば、その表情を読み取って相手の真意を確認できます。しかし、テレアポではそれができません。本当に「×」なのか、電話だけで読み取ることは非常に困難です。

そこで、6章で述べた応酬話法が必要になってきます。

表情から相手の真意を読み取る、ということができないので、応酬話法によって見極めなければなりません。

基本的な考え方としては、会えない人へ対応できない自分を克服する必要はありません。「×」の人に心を痛めても仕方がないのです。

「×」の中から、「△」や「◯」を探し出す。「△」を「◯」に持っていく。ここに時間を掛けてください。ここに技術を使ってください。がんばるところを間違えないでください。

「×の人」を説得する時間は無駄です。その人は後回しにしましょう。今はダメでも、時間が経てば契約に至ることもありますから、また後日電話をすればいいのです。

ダメな人に時間を掛けるのは、本当に無駄である

なぜ、テレアポは嫌われる？イヤになる？

テレアポが嫌われるのは、なぜでしょうか？

やはりこれは、〝やり過ぎた〟ことが原因かと思います。

今は「営業電話お断り」としている企業も少なくありません。こうした「営業電話お断り」の企業が、実はテレアポをしているケースもあって、矛盾を感じますが、受ける身としては、テレアポは歓迎できないというのが現実なのでしょう。

自然の摂理として、増えすぎたものや不要なものは排除されます。

しかし、人間は欲が深いので、適度でやめるということができないのでしょう。

すでに述べましたが、行き過ぎたテレアポによって、業務停止処分を受ける企業が現われるほどになっています。

では、こうした現実に対応するにはどうすればいいのか？　答えは簡単には見つかりませんが、**テレアポだけに頼らない体制をつくる**ということしか、今の私には思いつきません。会うことを嫌がられるなら、違う方策を探りましょう。何度か述べてきましたが、最初は資料送付を提案し、そこから成約する流れを考えることも必要でしょう。買いたくない人に、無理にアポを取ろうとするから嫌われるのです。見込み客が少ないから、目の前のアポを取るのに必死になるのです。必死に追いかけられたら、見込み客も逃げます。見込み客がたくさんいて選べるなら、必死にはならないはずです。

テレアポ一本にすがろうとせず、集客手法として、ウェブサイトやリスティング広告、メルマガ、ソーシャルネットワーク、ＤＭ、セミナー、展示会出展、業務提携など、いろいろな切り口を持って、それらとテレアポをうまく組み合わせることです。たとえば、ウェブサイトから問い合わせがあったお客様に電話をするのは、まったく問題ないでしょう。

業務提携して、他社の配送物の中に案内を入れさせてもらう方法もあります。提携先に電話営業の仕組みがなかったら、提携先の購入者リストにリピート注文の電話をして、手数料をもらうこともできます。

どういう仕組みを作れば、テレアポが活きるのかを考えよう

7月7日に連絡した
○○の
資料が入っています。
今すぐご開封を！

こういう電話なら、掛けるのもイヤにはなりません。

テレアポをすることによる日々のストレスは、大変なものだと思います。テレアポがイヤにならないやり方や仕組みを、ぜひ考えてみてください。新しい営業方法を探そうと言っても、世の中にはいろいろなやり方があります。とりあえず成功しているやり方を、本やネットで調べて勉強してください。

嫌がっている相手に電話をするよりも、よいやり方がきっと見つかるはずです。

そうすれば、テレアポがイヤにならない、新しいスタイルが見つかると思います。

テレアポは本当に必要なのか？

テレアポ職人の私としては、思い切ったことを言ってしまいましょう。

本当にテレアポは必要ですか？

テレアポでないとダメなんでしょうか？

当社では「個人宅向けテレアポキット」という商品を販売しています。

これは、商品名からわかるように、個人向けのテレアポを成功させるための商品で、ウェブサイトのキャッチコピーは、「一般家庭へのアポが取れる時代は終わりました」です。

このキャッチコピーを見て、怒られることもあります。「個人宅向けのテレアポが終わったなんて、勝手なことを言うな」と。

しかし、このように言う人も、アポが取れないために、ネット検索をして当社のサイトにたどり着いているわけです。

誤解のないように申し上げますと、私が「個人宅向けのテレアポは終わった」と言っているのは、「電話帳の頭から順に電話をして売ろうとするようなやり方は終わった」という意味です。ですから、法人向けはまだまだ大丈夫だと思います。

通販大手の再春館製薬所は、コールセンターによるアウトバウンド（テレアポ）によって売上の多くを稼ぎ出していました。それが、ある時からアウトバウンドをやめ、インバウンド（お客様からの連絡に応える形）へと切り替えたそうです。

その理由は、アウトバウンドの頃は「売上至上主義」で、お客様に売りつけるような姿勢があり、クレームや返品が多かったからだそうです。商品に問題があるのではなく、「売り方に問題があった」と言っています。その経験を忘れないように、今でも本社の玄関脇には返品された商品が置いてあるということです。

テレアポは岐路に立っていることを認識しよう

テレアポにも、できないことがあります。成功しないテレアポを続けるのか？　それとも他のやり方とミックスするのか？　考えてみてはいかがでしょうか。

他の手法で効果が出ればそれでもいい

営業手法として、テレアポをやっている人は「テレアポがいい」と言い、ウェブサイトで集客している人は「ウェブサイトがいい」と言います。

では一体、何がよい手法なのでしょうか?

私は、結果の出るやり方なら、どの手法でもいいと思っています。

正確に言えば、それぞれよい部分もあれば、悪い部分もあり、悪い部分は他のやり方で補えばいいと考えています。

たとえば、「ウェブサイトからの問い合わせに対して、すぐに電話でフォローする」というやり方があります。サイトからの問い合わせフォームの内容だけでは、微妙なニュアンスはつかめませんから、アポを取って訪問するのがいいか、しばらく情報提供してみたほうがいいか、セミナーへ誘導するのがいいかを、電話で話して確認するのです。相手の細かな興味の度合いは、直接、話ができる電話でないとわかりません。

電話は攻める営業ができます。

しかしウェブサイトやDMは反応を待たないといけません。

ITの会社で売上が上がって調子のいい会社の経営者に聞くと、大体、アポインターを採用しています。営業の人とは別に、テレアポやフォローコールをする専門の人がいるのです。ITの会社というと、自社の集客をすべてウェブサイト経由で行なっているような印象があるかもしれませんが、そんなことはないようです。

どのような営業形態を取っているにしても、おそらく、ポイントは**結果の出るやり方を選択しているかどうか**、にあるのだと思います。そこに行き着くまでには、時間もお金も掛けているでしょう。失敗もしていると思います。さらには、もっとよいやり方を、常に模索していると思います。

視野を広くして、テレアポの可能性を考える

「0×1＝0」にしない

ここ数年、私は「まったく関係性のないリスト」へテレアポすることを、こんな数式を使って表現しています。

0×1＝0

0に何を掛けても、0にしかなりません。

おそらく、「何の関係性もないリスト」へのテレアポは、このくらい大変なことだと思います。

ただ、これはあくまで〝たとえ〟であって、テレアポの場合、0にしかならないわけではありません。私は少し考え方を変えて、**0・01を作るにはどうしたらいいか**を考えました。

たとえば――、
1回目の電話ではアポを取らずに自己紹介だけにする。

1回目の電話では担当者名を確認するだけにする。

他にもいろいろと考えられますが、これらは結構まどろっこしい手続きです。しかし、何とか0・01を誕生させるための一手です。

そこで新たに考えたのが、これまでに何回か紹介した「資料送付」です。皆さんも、アポを断られた時、繋がりを残すために資料送付の許可をもらおうとしたことがあると思います。

その、資料送付ですが、**1回目の電話では、資料送付の許可をもらうことだけを目的にしてみてはどうでしょうか。**

アポがダメな場合に仕方なく資料送付に切り替えるのではありません。最初からアポを取ろうとはせず、資料送付を持ちかけるのです。

この2つは大きく違います。

当社のアポ率と資料送付率で説明します。

当社の平均アポ率は約6％で、平均資料送付率は約25％です。

これはそれぞれを別に行なった場合です。つまり、アポを取る場合は、最初からアポを取ることだけを目的にしゃべります。資料送付の場合は、最初から資料送付だけを目的にしゃべります。

なぜ、このようにするのかというと、**当社の資料送付は、相手とのキッカケを作る、つまり0・01を作るためだけに行なうから**です。

よって、とにかく数多く資料送付ができたほうがいいということになります。

ここで「アポを取る」という〝売り〟を出すと、資料送付率はガクンと下がります。

キッカケを作るという意味では、アポがダメだったら資料送付に切り換えるという流れは適していません。

さて、これで0・01を作るテレアポ＝資料送付の流れができました。

では、ここからどうやってアポ、さらに成約に持っていくか？

それは次の項で述べたいと思います。

Aがダメだったら Bに、という考え方は捨てよう

「テレアポ＋《プラス》」という考え方

この章で私は、本当にテレアポをする必要があるのか？　テレアポ以外の方法でもいいのでは？　と、テレアポの本らしくないことを言ってきました。

その理由はすでに述べたように、「テレアポ単独で成約に繋げるのが難しくなってきた」と感じているからです。

そうは言っても、私は今もテレアポをやっていますし、今後も続けるつもりです。

ただ、先を見据え、新しいやり方・よりよいやり方は模索しないといけません。

リスクヘッジはするべきです。

そこで、これまで断片的に述べてきたことをまとめて、「テレアポ＋《プラス》」という考え方を提案したいと思います。テレアポ＋とは、**テレアポの前後に、成約に効果がありそうな手**

法をプラスするという考え方です。

たとえば、前述しましたが、初回の電話は資料送付に徹し、その後、ニュースレター、メルマガで情報発信しつつ、適宜電話をして相手の状況を確認しながら、アポを取ったりセミナーの案内をするなど、相手に合わせた流れを作っていく、という方法を取るのです。

あるいは、「小冊子プレゼント」と打ち出したFAXDMやDMを送付し、応募してくれた人にフォローコールを掛けたり、第二弾の小冊子への応募を行なって、興味の度合い、検討度合いを電話で確認する、といったやり方もあります。

テレアポの前後に効果のありそうな手を打って成約に持っていく、これを私は「テレアポ＋」と呼んでいますが、「インサイドセールス」とも言えると思います。

インサイドセールスとは、もともと外資系企業が日本に持ち込んだものだと思いますが、インサイド＝内勤、セールス＝営業、つまり「内勤営業」と訳すことができます。一般的には、電話やメール、DMで相手とコミュニケーションを取って、成約に近い状態になった時にアポを取って訪問するセールス形態です。成約に近くない場合は、さらにいろいろな手法で接触を継続します。

外資系企業は効率を重んじます。成約できない企業を訪問をしても1円にもなりませんから、「成約の一歩手前までは電話で話を進めるほうが効率的」、こんな考え方が根本にあるのだと思いますが、言っていることは正しいと思います。

一般的に、営業の仕事の中で一番多くを占めているのが移動時間です。商談時間よりもはるかに長い時間を移動に費やしています。

インサイドセールスなら、この、お金を生まない移動時間の節約にもなります。

アポを取る行為は、成約というゴールから見ると通過点です。

どこを基準として考えるかでやり方が変わってきます。ですから、「**成約を基準にして考えましょう**」と言いたいのです。

アポを取ってもそこで終わりではありません。

「木を見て森を見ず」という諺があります。

1本の木という細部に捉われて、森全体が見えなくなってはいけないように、「アポ」という一部を見るのではなく、成約までの動線全体を考えて、設計することが必要です。

よいリストがなければ、ウェブサイト上に相手が興味を持ちそうな無料レポートを設置して、それをダウンロードできる代わりに「名前・電話番号・メールアドレス」を登録してもらい、リスト化してその後フォローするという手もあるでしょう。

同じようなことを、広告やチラシ、ＤＭやＦＡＸＤＭで行なって、リストを入手することもできます。そうしたら、後はそこからの流れを考えるだけです。

すでにリストがある場合は、電話を掛けて資料送付の許可をもらった後、ニュースレターを送ります。ニュースレターを送れば、それをキッカケに電話をすることができます。

同じような流れで、メルマガで情報発信をした後に、その内容の関心度を電話で確認することができます。

テレアポがゴールではないということをよく理解した上で、他の手法との組み合わせを考えてみてください。

！ 他の手法と組み合わせることで、テレアポも活きる

資料送付は〝逃げ〟ではない

この章では、テレアポの新しいやり方を提案していますが、ここでひとつはっきりさせておきたいことがあります。それは、**資料送付は単なる〝逃げ〟ではない**ということです。

テレアポのコンサルティングに伺うと、「資料送付は禁止」としている企業が多いことに気づかされます。なぜ禁止しているのか理由を聞くと、「資料を送っても見てもらえないから」「アポインターがアポを取ろうとせず、資料送付に逃げてしまうから」など、マイナスイメージからのようです。

しかし、「テレアポ＋」では、資料送付から入ることも提案しています。アポ取りで十分に成約できるなら、資料送付はしなくてもいいのですが、実状はどうでしょうか？

現実には、多くの人が、アポ取りは難しくなってきているのに、その事実を直視していないのだと思います（数字で表わしてみれば、一目瞭然だと思うのですが……）。

資料送付を〝逃げ〟と思わずに、「資料送付から成約する流れ」をきちんと設計しましょう。細かい部分では、封筒の表に「5月15日にご連絡をした資料です」「5月31日までが期限です。今すぐご開封を！」などの開封を促すひと言を書くことも大切です。そうでなければ、開けてすらもらえません。

資料の内容にも工夫が必要です。セールスレターには、必ず担当者の顔写真を入れ、簡単なヒアリングシートを入れるなどの工夫をすれば、反応率は上がります。

今のようにインターネットが発達した世の中では、情報は検索すれば手に入ります。ですから、単純な資料では反応してくれないと思います。

では、どうしたら反応してくれるか？　それには、「ダイレクトレスポンスマーケティング」を学ぶことをお勧めします。関連書がたくさん出ているので、探してみてください。テレアポに応用できる部分がたくさんあります。

！資料を送付しても、開けてもらえないと意味がない

ネット時代のテレアポ法

ここまで、単にテレアポだけをするのではなく、いろいろな手法と組み合わせることを提案してきました。

これに対する意見はさまざまだと思います。

批判的なご意見もあるかと思います。

もし、否定的な意見があっても、私は反論するつもりはありません。いろいろな考え方、やり方があっていいと思うからです。

では最後に、**ネット時代ならではのテレアポ**について述べたいと思います。

インターネットの普及によって、営業のしかたも大きく変わったと思います。

たとえば当社では、電話をしながらウェブサイトを見てもらってアポを取る——数年前から、こんなやり方をはじめています。

商品説明用のウェブサイトを事前に作っておいて、電話の最中にお客様をウェブサイトに誘導し、**言葉だけでなく、見せることによって、商品をよりわかっていただく**のです。

何度も言いますが、電話の最大の欠点は見えないことです。

人間は視覚から得られる情報を重要視するので、〝見えない〟電話はコミュニケーションとしては不完全なのです。

最近では、電話中にお客様が自発的にネット検索をして、「あ〜、この商品のことだね」と言われることもあります。

どんなに言葉で伝えようとしても伝わらないことが、見せれば一発で伝わるわけです。

見せるということをさらに推し進めて、ウェブサイトに動画を置き、お客様にそれを見ていただいたり、メールで送ったりということもしています。

こうしたことが、それほどコストを掛けずに行なえる、いい時代に我々はいるのです。

3章で述べたクラウドシステムが安く使えるのも、現在だからこそです。

この章で述べている「テレアポ＋」やインサイドセールスは、コンピュータ・システムなしには成立しません。

資料をいつ送ったのか？

どの資料を送ったのか？

相手の人は、前回は何と言っていたのか？

次回はいつ電話するのか？

これらを紙に書いていたら、探すのに時間が掛かってしまい、業務が進みません。

当社でも、つい最近まではエクセルでデータを管理していましたが、横にどんどん長くなり、印刷するとA４用紙が何枚にもなっていました。

それが今では、すべてシステムで管理しているので、検索すればすぐに探すことができます。過去の履歴も画面で見ることが可能です。ネットに繋がる環境があれば、どこからでもデータを見ることができます。

そうなると、出社しなくてもテレアポができるわけですから、在宅ワークも可能になるでしょう。

最近、当社では「保育園の問題」で退職した人がいます。当社のパートの条件では、希望する保育園に子供が入れないので、別の会社のフルタイム勤務に移りました。本人としては、フルタイムは大変だからと嫌がっていたのですが、子供のためには仕方がない、こんなケースでした。

しかし、ネット環境がさらに整備されることで、こうした問題も解決できるかと思います。

今後、テレアポに利用できるものも、もっと出てくると思います。

便利なものを使わない理由はありません。

アナログの手法も大事ですが、これからのテレアポには、デジタルの手法をうまく取り入れる必要があります。

その例が、「テレアポ＋」やインサイドセールスなのです。

将来を見据えて、いろいろなことに挑戦してください。

私自身も、日々、頭に汗をかきながら試行錯誤をしています。失敗のほうが多いのですが、新しいことへの挑戦はこれからも続けます。

そこで得たことは、今後、機会があれば、またぜひ発表したいと思います。

著者略歴

竹野恵介（たけの けいすけ）

有限会社リンクアップスタッフ代表取締役

1966年生まれ。東京都出身。専修大学法学部卒業後、アルミサッシメーカー、輸入商社、生命保険会社、人材紹介会社の営業マンなどを経て、2002年３月有限会社リンクアップスタッフを設立。

生命保険会社から一貫して、テレアポで新規開拓を行なう。現在、約18年のテレアポ経験を活かし、テレアポ・電話営業のコンサルティング、代行、教材の販売を行なっている。今までなかったテレアポ・電話営業のノウハウを、メールマガジン、ブログ等で公開し、法人から個人のアポインターにいたるまで徹底支援している。

圧倒的なテレアポ経験から、「テレアポで困ったら竹野に聞け」と言われるまで支持を得ている。「テレアポ職人」と名乗り、現在もアポインターとして活躍中。

著書に『７日間で身につく！ 驚異のテレアポ成功話法』『目と耳で学ぶ！ はじめてのテレアポ成功ブック』（同文舘出版）、『できる人に学ぶテレアポの極意』（ＰＨＰ研究所）、『ちょっとした努力で結果を出せる 頭のいい営業法』（日本実業出版社）、『NO.1 テレアポ職人が教える ズルい！営業術』（青春出版社）。

■連絡先

有限会社リンクアップスタッフ

〒167-0043　東京都杉並区上荻1-24-19-201

TEL：03-3220-5887　FAX：03-3220-5897　e-mail：takeno@linkup-jp.com

HP：http://www.telapo.com/

facebook：http://www.facebook.com/telapo

ブログ：http://ameblo.jp/telapotakeno/

「テレアポ職人®」は有限会社リンクアップスタッフの登録商標です。

最新版 即効即決！ 驚異のテレアポ成功術

平成25年10月３日　初版発行

著　者――竹野恵介

発行者――中島治久

発行所――同文舘出版株式会社

東京都千代田区神田神保町 1-41　〒101-0051

電話　営業 03(3294)1801　編集 03(3294)1802

振替　00100-8-42935　http://www.dobunkan.co.jp

 ISBN978-4-495-56952-5

印刷／製本：三美印刷　Printed in Japan 2013